novembre
l'attache
reste de la fleur
pépin
W0416127
Mardi 6 Mars 1962
Ecriture
Le loup et l'agneau.
La raison du plus fort est toujours la meille
Nous l'allons montrer tout a l'heu
Un agneau se désaltérait
Dans le courant d'une onde pure
Hiver
Le bassin Parisien
PAYS de CAUX
Amiens
Le Havre
Rouen
Picardie
ILE de FRANCE
Reims
PARIS
Brie

Édité par : Éditions Cobra
18-22, rue des Poissonniers
92200 - Neuilly-sur-Seine

À l'école

Textes de Françoise Guérard

Sommaire

GODIN

Introduction

L'École fait partie des souvenirs communs à toute la population. Il suffit de feuilleter les pages d'un cahier, d'un livre ou d'apercevoir une trousse, un plumier ou tout autre objet ayant appartenu à l'univers de la communale, pour raviver les émotions de ces moments si importants de notre enfance. L'odeur de la salle de classe est imprimée dans notre mémoire, comme la blouse brodée à notre nom, la cour de récréation plantée de marronniers, la plume revêche sur le papier et cette dictée trop longue et difficile. L'atmosphère de ces années doit beaucoup à la personnalité des enseignants, dont certains noms surgissent du passé à la lecture de quelque commentaire porté au rouge dans la marge.

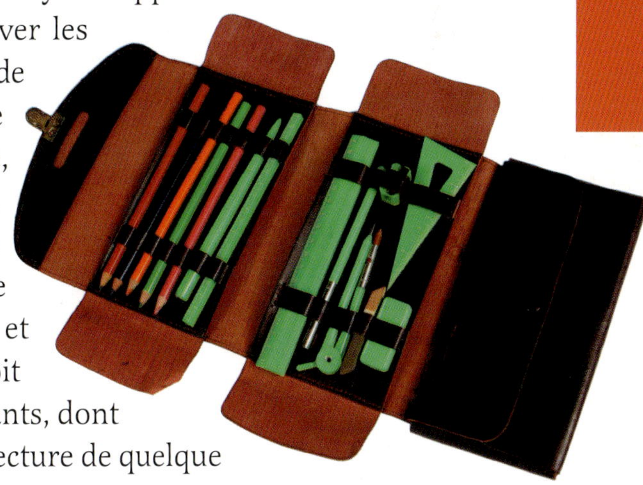

Notre école a pris sa forme actuelle au XIXe siècle. Elle puise ses racines dans une tradition millénaire. Toute société organisée repose, en partie, sur la transmission des savoirs, c'est-à-dire l'enseignement. Cette transmission peut s'effectuer d'une personne à une autre, d'un scribe à un élève ou à un petit groupe d'élèves, comme, dans l'Antiquité, en Mésopotamie, en Égypte ou en Gaule. Elle peut aussi passer par l'intermédiaire de l'école, comme dans les civilisations grecque et latine, puis au Moyen Âge, dans les écoles monastiques

ou paroissiales. La relation directe maître-élève, le préceptorat, était la règle dans certains milieux sous l'Ancien Régime, et s'y est longtemps maintenue. Il s'agit d'enseignement, pas d'école. Il faut attendre la fin du règne de Louis XIV pour que le pouvoir royal ordonne, le 13 décembre 1698, la création d'une école gratuite et obligatoire par paroisse, expressément destinée, treize ans après l'abrogation de l'édit de Nantes, à extirper du royaume toute trace de protestantisme. Mais cette ordonnance ne fut pas appliquée partout et l'illettrisme recula peu. En 1833, François Guizot (1787-1874), ministre de l'Instruction publique, modifia fondamentalement l'organisation, alors rudimentaire, de l'enseignement en rendant obligatoire la création d'une école de garçons dans chaque commune. En 1881, Jules Ferry (1832-1893) imposa la gratuité et, en 1886, la laïcité.

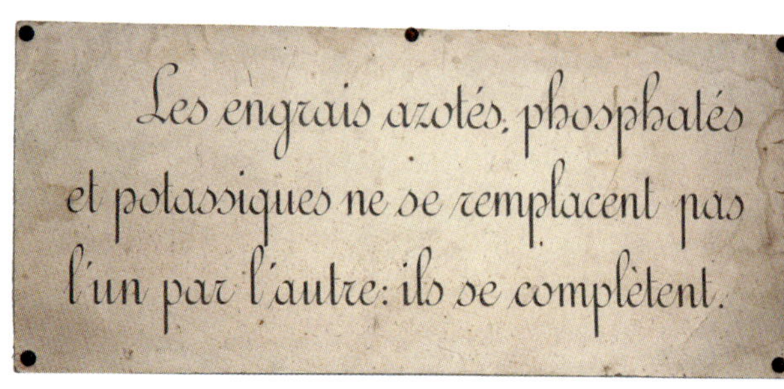

L'école républicaine était née et l'accès à l'enseignement n'était plus réservé à une élite, alors que c'était bien souvent le cas, surtout à la campagne.

C'est cette ouverture à l'ensemble des petits Français qui fait son originalité : elle est gratuite, accessible à tous, obligatoire. En outre, elle ne se contente pas de transmettre des connaissances, elle joue un rôle social. C'est un espace de rencontre, de sociabilité, chaque écolier s'ouvre au savoir et sur le monde, il découvre les autres enfants de sa génération. C'est le lieu des premières expériences de vie en commun, hors du foyer, dans un monde qui obéit à des règles différentes de celles qui régissent la vie familiale. Ces années d'étude, de jeux, d'échanges, qui s'achevaient autrefois à quatorze ans, se terminent aujourd'hui à seize ans. L'obtention du certificat d'études primaires, puis, pour les garçons, le service militaire, ont été pour de nombreuses générations les principaux jalons de l'entrée dans la vie adulte.

En à peine plus d'un siècle, l'école de Jules Ferry s'est imposée ; elle occupe aujourd'hui une place essentielle dans la vie de tous les enfants vivant en France. Les pouvoirs publics ont réussi à généraliser et à démocratiser l'accès à l'éducation, mais il a fallu du temps pour que toutes les familles considèrent que l'instruction est une nécessité, et non un luxe inutile. En tant qu'institution, l'Éducation nationale joue un rôle éminent dans la cohésion de la société française. Offrant à tous la possibilité de suivre des études, elle contribue à réduire les inégalités. Les programmes étant les mêmes dans l'ensemble des établissements d'enseignement primaire, les écoles se ressemblent toutes, ce qui permet à chacun de revivre les souvenirs qu'il conserve de son enfance.

Il s'agit de retrouver au fil des pages, richement illustrées, l'atmosphère, les sons, les odeurs et les images si particulières de l'école d'antan et de réveiller nos souvenirs d'écoliers, tout en apportant à l'adulte, que nous sommes devenus, les informations nécessaires pour comprendre l'évolution de l'école publique.

Il s'agit de ne pas être en retard à l'école ! Ceux qui partent à la dernière minute, comme ces fillettes des années 1950, doivent courir pour arriver avant la sonnerie.

Le chemin des écoliers

Premiers pas hors du foyer, la rentrée des classes est un moment plein d'appréhensions. La confrontation avec les autres, le discours du directeur d'école, l'appel dans le préau et la découverte du nouvel instituteur appartiennent au rituel du premier jour.

Confrontation à l'autre, apprentissage du respect et de la discipline, découverte d'une vie plus indépendante, une vie de « grands », l'entrée à l'école a toujours été pour les enfants un cap à passer. Mais cette épreuve, nécessaire depuis que l'école est devenue obligatoire, n'en est pas moins impressionnante. Alors que les bien-aimées vacances s'achèvent, il faut, pour se donner du courage et bien vivre la rupture, préparer la rentrée des classes. Ces préparatifs ont pris des formes bien différentes à la fin du xxe siècle avec la multiplication des fournitures scolaires et l'introduction de fantaisie, d'effets de mode et surtout de matériaux moins résistants. Avant les années 1970, les parents n'étaient pas contraints de se précipiter chez le papetier pour acheter la liste fournie par le maître. À l'école primaire, le matériel se résume le plus souvent à « une

Dans son habit soigné, son cartable flambant neuf à la main, cet écolier de 1935 a le soin de ne pas arriver mouillé le premier jour de classe.

Quitter sa famille n'est pas toujours facile pour les plus jeunes. « Sois sage et écoute bien » sont les deux recommandations d'usage.

ardoise, des craies, un porte-plume et ses plumes, des buvards... ». La rentrée, c'est surtout le moment opportun de renouveler sa garde-robe, car les vêtements sont devenus trop petits ou ont été durement éprouvés par deux mois de vacances en plein air. L'achat de vêtements neufs revêt toutefois une autre signification : il s'agit en effet de faire bonne impression, l'enfant est supposé témoigner de l'honorabilité des vertus de sa famille, en donner une bonne image. L'entrée à l'école est un cap, une première étape de la vie active et sociale, et il convient à tout écolier d'enfiler la tenue de cette nouvelle identité, moins enfantine et plus adulte et responsable. La blouse, le plus souvent, sombre et uniforme (certaines écoles prescrivent une couleur particulière), garante à la fois d'une protection contre les taches d'encre et de l'atténuation des signes extérieurs de richesse, devient facultative à partir des années 1970, mais l'achat du cartable, solide compagnon de labeur, reste un temps fort du rituel que sont les préparatifs de la rentrée. Au début du siècle, le cartable, en cuir, était un objet de luxe, qui se transmettait d'aîné en benjamin. Les familles plus modestes, notamment à la campagne, dotaient leurs enfants de simples gibecières en toile forte ou en carton bouilli, voire de boîtes en bois, plus économiques. Le cartable à bretelles qu'on porte sur le dos se généralise après la Première Guerre mondiale, mais certains lui préfèrent un sac avec une bandoulière ou une sacoche dotée d'une poignée. Le poids des cartables n'est pas encore à l'ordre du jour.

À la campagne, les écoliers se regroupent pour aller à l'école ; les plus grands prennent la main des petits.

Un trajet parfois périlleux

Ainsi équipés, après une ultime cuiller d'huile de foie de morue ou de cacao selon l'époque, un dernier bisou et quelques

En toile ou en cuir, les cartables se portent sous le bras, à la main, en bandoulière ou sur les épaules. Leur solidité est mise à l'épreuve du temps : ils doivent servir pendant plusieurs années, voire pour plusieurs générations.

recommandations d'usage, les écoliers prennent le chemin de l'école, lieu de toutes les aventures et de toutes les découvertes. Le sentier des écoliers n'a pas toujours été aussi balisé qu'aujourd'hui. Mal entretenues, rarement empierrées, jamais goudronnées, les étroites voies des premières années du XXe siècle sont, au gré des saisons, poussiéreuses ou boueuses, brûlantes, humides ou glacées. Le trajet dure parfois plus d'une heure. En hiver, le jour se lève à peine lorsque les enfants partent pour l'école et le soir, le retour se fait entre chien et loup. Souvent la pluie ou la neige rendent le chemin encore plus difficile. Cette longue marche dans la pénombre a terrifié des générations d'écoliers qui se sont groupés par fratries, les plus petits donnent la main aux aînés, ou entre copains pour affronter le froid et surmonter la peur et l'ennui, par des jeux et des gambades.

Jusque dans les années 1950, les enfants sont chaussés de sabots de peuplier, de tremble ou de noyer. S'ils n'en ont pas, ils ne vont pas à l'école : le manque de chaussures est souvent invoqué comme motif d'absence par les familles les plus pauvres. Puis apparaissent les galoches, qui rencontrent un succès immédiat. Constituées de grosses semelles de bois cloutées surmontées d'une robuste

Le cartable n'est pas le seul attribut de l'écolier : la gamelle permet d'apporter à l'école le repas de midi.

Chaussures largement répandues à la campagne jusque dans les années 1950, les sabots réservent quelques surprises aux enfants les plus turbulents.

empeigne montante en cuir lacée, elles sont bon marché et offrent un confort supérieur à celui des sabots. Autant dire que ces chaussures ne se prêtent pas à toutes les cabrioles. Bien plus tard viendra la bicyclette, qui restera longtemps l'apanage des « grands ». Elle constitue pendant longtemps le cadeau des parents aux lauréats du certificat d'études, merveilleux présent qui ouvre à l'adolescent les portes de la liberté. Puis, à mesure que les voies de communication s'améliorent et mettent les pneus à moins rude épreuve, la bicyclette devient, principalement à la campagne, le moyen de transport habituel des écoliers les plus âgés.

La cloche, reliée à un cordon à hauteur d'homme, est située sur le toit de l'école ou dans la cour de récréation.

Un lieu d'apprentissage symbolique

Au terme du chemin se dresse l'école. Même si son souvenir en fait, pour la plupart d'entre nous, un bâtiment majestueux et impressionnant, il n'était pas toujours spacieux et accueillant. Depuis 1833, les communes sont contraintes d'ouvrir ou d'entretenir une école de garçons, mais elles n'en ont pas toujours les moyens, ou même l'envie. À l'époque de Jules Ferry, dans bien des villages, les petites écoles ont gardé le même aspect que sous la Restauration ou la monarchie de Juillet. Il s'agit encore parfois du logis du maître, d'une salle de la mairie sommairement aménagée, d'un bâtiment ancien réemployé, voire, jusqu'en 1886 pour les écoles communales, plus tard encore pour les écoles privées, d'une dépendance du presbytère.

La cloche a sonné !

Le matin du premier jour de classe, retentit la cloche, la sonnerie ou le sifflet du maître, selon le lieu et l'époque. La ribambelle de gamins apeurés s'agglutine en une masse compacte devant les enseignants. S'élève alors le solennel discours du directeur de l'école, exhortant les élèves à la discipline la plus stricte et au travail assidu, et indiquant la ligne à suivre aux instituteurs. Puis, un à un, les enfants s'égrènent et quittent la masse protectrice des petits camarades pour prendre place dans le rang : c'est l'appel. La voix du directeur répartit les enfants entre les classes. Va-t-on rester avec les copains, quel instituteur va-t-on avoir, qui sont les nouveaux... autant de questions fondamentales pour la suite de l'année qui trouvent leurs réponses dans ces quelques minutes ô combien angoissantes. L'appel, c'est aussi l'occasion pour chaque écolier de se découvrir une nouvelle identité : au lieu du surnom ou du prénom utilisé au sein de la famille, on l'appelle ici par son nom patronymique, comme pour lui reconnaître une existence à part entière, indépendamment de sa famille. Ainsi le petit Grégoire devient « Frugier ! », et cette nouvelle appellation correspond à un tout nouveau monde, celui des adultes. Certains noms, trop longs ou à consonance étrangère, sont écorchés à la lecture ; l'enfant victime de cette erreur hésite alors à se faire connaître et à surmonter le regard des autres.

Puis vient le moment de se mettre en rangs deux par deux, c'est-à-dire de choisir, un peu au hasard, quelqu'un à qui donner la main pour effectuer ses premiers pas dans le groupe, quelqu'un qui deviendra souvent le meilleur ami. « En silence ! » claque la voix du maître dans la cour, les enfants se mettent en marche, surpris et apeurés par cette interjection aussi violente qu'inhabituelle. Les écoliers gagnent ainsi leur salle de classe res-

Moins solennelle que dans les grands établissements, la rentrée est l'occasion de retrouver les copains perdus de vue durant les congés, comme ici dans un petit village en 1958.

La présence et l'absence des élèves sont consignées au quotidien dans un registre d'appel ; toute absence est motivée dans la marge.

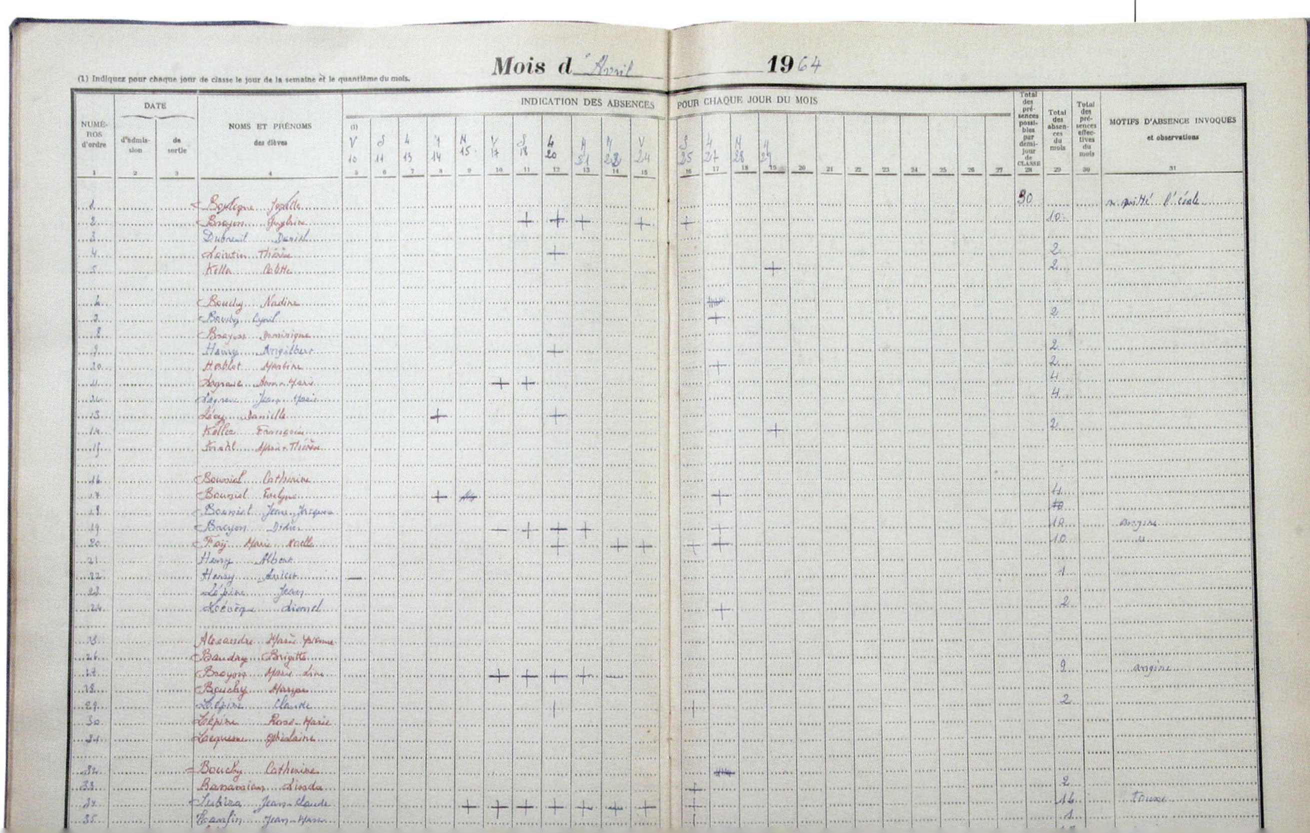

Pour former un beau rang, il suffit de se placer à bonne distance des uns des autres. Le meilleur moyen est de poser les mains sur les épaules de son voisin de devant, les bras tendus.

pective et, avant d'y pénétrer, accrochent leur vêtement aux patères : l'année a bel et bien commencé !

Pour la première fois de leur vie, des dizaines d'enfants de la même génération sont rassemblées dans un même lieu. Certains viennent de familles aisées, d'autres, d'un milieu modeste. Il y a des grands et des petits, des filles et des garçons. L'institution tente de gommer les différences sociales, notamment en imposant à tous le port de la blouse, mais les enfants issus des classes dites « supérieures » fréquentent surtout les écoles libres. Celles-ci ont un recrutement sélectif et, catholiques en quasi-totalité, dispensent un enseignement religieux jugé fondamental par les parents. En Bretagne, c'est à cette seule caractéristique qu'elles doivent leur succès. Même en l'absence de vrai brassage social, grands et petits, filles et garçons doivent apprendre à vivre ensemble. Pas question pour les grands de molester les petits, ni pour les petits de pleurnicher. Quant aux filles et aux garçons, leurs rapports sont souvent difficiles. Les filles jugent les garçons brutaux et bêtes, alors qu'eux les trouvent sottes et minaudières.

Dans les petites communes, l'école est à classe unique, les élèves ont de six à douze ou treize ans, certains commencent juste à ânonner leurs lettres tandis que d'autres, déjà experts en opérations avec retenues, en réduction de fraction et en orthographe, entrevoient déjà la fin de leurs études. Confrontés à cette disparité de niveau, les instituteurs divisent leurs élèves en trois groupes, les commençants, les moyens et les grands, qui bénéficient successivement de leur attention, selon un strict emploi du temps, établi avec minutie et pédagogie. Selon l'importance et la structure de la population, un même enseignant peut faire la classe à quelque dix élèves jusqu'à près de quatre-vingts !

Filles et garçons séparés

En théorie, les municipalités doivent accueillir les filles et les garçons dans des locaux différents, car la mixité des écoles est considérée comme une atteinte aux bonnes mœurs. Le plus souvent, la commune n'a pas les moyens d'entretenir deux écoles ou les faibles effectifs ne justifient pas de telles dépenses. Dès lors, s'il n'est pas possible de les instruire séparément, il convient de les instruire ensemble. La solution adoptée par des milliers de petites écoles de campagne consiste à séparer physiquement la classe en deux, « par une planche de bois d'au moins 1 mètre de hauteur » stipule l'administration. Même à la récréation, où la fréquentation de l'autre sexe ne risque pas de perturber les écoliers dans leur travail, les préaux doivent être distincts. Cette clôture purement formelle a très vite paru ridicule aux yeux des parents et des instituteurs, gênés

Selon les écoles, les enfants accrochent leur vêtement à une patère fixée dans ou hors de la salle de classe. La personnalisation de la patère par une petite étiquette ou une photo apparaît tardivement.

dans leur travail par cet obstacle. Bien évidemment, l'obstacle de bois n'a empêché personne de ressentir ses premiers émois amoureux, la planche de la vertu y a au contraire ajouté le frisson de l'interdit. De fait, la mixité s'est peu à peu imposée dans les écoles à classe unique, sans que personne ne s'en offusque vraiment : en 1958, 30 % des écoles primaires étaient mixtes, en contradiction avec la loi d'alors. En 1969, la mixité devient la règle dans l'enseignement primaire, l'enseignement secondaire suivra (1970), à l'exception de quelques rares institutions privées. Malgré l'idéal républicain d'école égalitaire, les plus grandes disparités demeurent sur le plan social. Tout au long du siècle, les différences perdurent entre l'écolier des champs et celui des villes. Les disparités se perpétuent également entre classes sociales, surtout dans les grosses agglomérations où le fossé se creuse entre le centre et les périphéries. Même si les rites scolaires évoluent, même si les stylos à bille ont chassé la cérémonie du remplissage des encriers, on ne peut s'empêcher d'observer des ressemblances qui font que les écoliers de 1900 et d'aujourd'hui sont loin d'être des étrangers l'un à l'autre.

Un tintement de cloche ou une sonnerie stridente annonce la sortie. Sur injonction du maître, filles et garçons se ruent dehors comme une volée de moineaux, attendus par les parents pour les plus jeunes, ou laissés libres de leurs mouvements pour les aînés. La journée de l'écolier s'achève ; elle a duré près de douze heures, dont sept ou huit dans un lieu clos, la sacro-sainte classe, territoire familier mais impressionnant, rempli de trésors gardés par la figure tutélaire du maître. Le soir, autour de la table familiale, que de choses et d'anecdotes à raconter, le premier jour de classe est une inépuisable source d'impressions qui accompagneront l'écolier toute l'année, et dont, adulte, il se conservera longtemps le souvenir.

La non-mixité est une notion durable, gravée au fronton des écoles communales.

Dans les écoles à classe unique, la séparation physique des filles et des garçons est souvent difficile à organiser du fait des différents niveaux. La classe est le plus souvent séparée en deux rangées, d'un côté les filles, de l'autre les garçons.

La douce chaleur du poêle, trônant au milieu de la salle de classe, invite parfois à la rêverie.

Le temps scolaire

Organisé en trois trimestres, le calendrier scolaire prévoit quelques jours de repos correspondant aux fêtes chrétiennes. Les écoliers travaillent cinq jours par semaine pendant six heures, entrecoupées de récréations.

De nos jours, la période scolaire débute en automne et s'achève en été ; elle va des premiers jours de septembre jusqu'à la première semaine de juillet. Ces quelque dix mois d'étude, entrecoupés par des congés de différentes durées, n'ont pas toujours été ainsi. Ils étaient autrefois liés aux fêtes religieuses (la Toussaint, Noël et Pâques) ou au temps liturgique de l'Église catholique (le Mardi gras, qui précède le Carême).

Les Français restent très attachés aux traditions catholiques. Pour être acceptée, l'école doit tenir compte des fêtes religieuses.

L'origine du calendrier scolaire

Peu à peu fixé au XIXe siècle, le premier calendrier scolaire s'est maintenu jusque dans les années 1970 ; il répondait aux besoins de l'Église et des travaux agricoles. Pour se faire accepter de la population, l'école devait s'intégrer à l'emploi du temps habituel des enfants et ne devait pas priver les familles rurales de cette main-d'œuvre indispensable. Les établissements d'enseignement vaquaient donc entre Noël et le jour de l'An (ou bien jusqu'à l'Épiphanie, jour des rois). Ces congés s'accompagnaient d'une ou deux autres semaines de vacances autour du dimanche de Pâques. Parfois, les écoliers

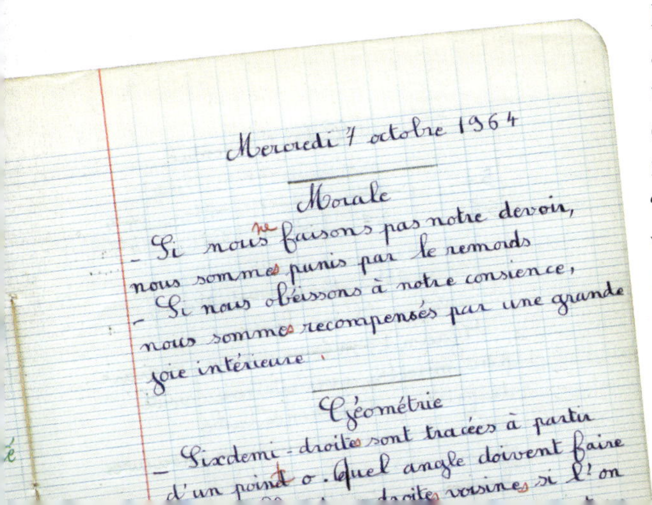
Mercredi 7 octobre 1964

Morale

– Si nous ne faisons pas notre devoir, nous sommes punis par le remords

– Si nous obéissons à notre consience, nous sommes recompensés par une grande joie intérieure.

Géométrie

– Six demi-droites sont tracées à partir d'un point o. Quel angle doivent faire ... droites voisines si l'on ...

En septembre, toutes les forces vives, hommes, femmes et enfants, sont nécessaires pour les vendanges. La rentrée scolaire a lieu après, en octobre. La mécanisation va réduire ce besoin de main-d'œuvre, entraînant l'avancée de la rentrée à la mi-septembre.

bénéficiaient de deux ou trois jours de liberté à la Toussaint et à Mardi gras. Après Pâques, les enfants retournaient en classe jusqu'à l'été. Du début des foins jusqu'aux vendanges, les enfants, requis pour les travaux des champs, passaient l'été avec leur famille. Sous la IIIe République, rien a changé, les dates des vacances ont été étendues à tout le pays : du 14 juillet au 1er octobre.

Des adaptations nécessaires

Toutefois, tout au long du XXe siècle, ce découpage a été jugé inadapté et a été à maintes reprises remanié, selon les évolutions de la société et de son utilisation du temps. Tout d'abord, la fête de Pâques, la plus importante de toute l'année pour les chrétiens, est une fête mobile, qui tombe un dimanche entre le 22 mars et le 25 avril, selon le calendrier lunaire et la date de l'équinoxe de printemps. L'année scolaire étant découpée en trimestres jalonnés par Noël, Pâques et le 14 juillet, le deuxième trimestre avait alors une durée variable, entre dix et dix-sept semaines, réduisant ou étendant d'autant le troisième et dernier trimestre. Or, les programmes scolaires étant immuables, répartis en nombre d'heures par jour, le rythme d'apprentissage était donc perturbé par ce congé mobile. Psychologues et pédagogues ont très tôt condamné ce découpage de l'année.

La mécanisation des travaux agricoles, l'avènement d'une société de loisirs et la généralisation des vacances ont fini de rendre totalement désuet le découpage hérité du XIXe siècle. Les congés payés sont en effet passés successivement de deux semaines (1936) à trois, quatre, puis cinq semaines en 1982, les vacances ne devant pas excéder quatre semaines consécutives. Ces espaces de liberté ont profondément modifié la nature des vacances scolaires. Toujours aux mêmes

Les journaux pour enfants paraissent le jeudi.

dates et de plus en plus nombreux, les vacanciers se jetant sur les routes ou assaillant les trains ont posé alors des problèmes insolubles à la sécurité routière, aux compagnies de transport et aux professionnels du tourisme. Confrontés à des exigences assez largement contradictoires, les pouvoirs publics ont pris diverses mesures. Pour que les enfants aient le nombre d'heures de cours nécessaire à l'assimilation du programme, la rentrée a été avancée à la mi-septembre et le début des grandes vacances à la fin juin. Pour éviter un engorgement des routes et des moyens de transport, les dates de vacances du Mardi gras et de Pâques ont été modulées académie par académie. À partir de 1964, les académies se sont regroupées en trois zones (A, B et C) sans unité géographique, de manière que, localement, le réseau routier ne soit pas paralysé, ou les lieux de villégiature surpeuplés. Ce zonage des vacances sera toutefois reconnu par le ministère en 1995 !

À partir de Jules Ferry, le jeudi fut déclaré jour de repos afin de permettre aux enfants de suivre le catéchisme. Ce jour n'avait pas été choisi au hasard. Le jeudi est effectivement le dernier jour gras avant le vendredi (jour maigre) dans le calendrier catholique.

Vers le milieu du XIXe siècle, les écoliers modifièrent une expression populaire ancienne « la semaine des deux jeudis », qui représentait une utopie, en lui ajoutant deux jours pour signifier la semaine idéale où il n'y a pas d'école ! Mais, pour répartir les heures de présence en classe de manière équilibrée, le jour de congé de milieu de semaine est

Les enfants vont à l'« école du jeudi », le catéchisme, assurée par le curé et parfois une sœur.

Coupure de milieu de semaine, le jeudi est attendu avec bonheur. Mais les devoirs rappellent que ce n'est pas les vacances !

Au début de l'été, il fait parfois si chaud qu'il est préférable de faire la classe à l'extérieur.

Ces craies taillées permettent d'écrire sur le tableau mais également de réaliser une expérience amusante : quelques gouttes de vinaigre versées dessus produisent une réaction, attestant la présence de calcaire.

passé, en 1972, du jeudi au mercredi. L'ancien découpage correspondait à un temps scolaire de cinq jours pleins, trois jours (lundi, mardi et mercredi), puis deux jours (vendredi et samedi), avec une coupure le jeudi. Quand les parents, salariés, ont découvert les joies du week-end, le samedi, seulement l'après-midi, est devenu férié pour les enfants, afin de laisser place aux activités en famille. Dès lors, le mercredi s'est imposé comme jour de repos de mi-semaine.

Le découpage du temps scolaire, dans l'année ou dans la semaine, est le reflet des changements qui animent la société française, l'école est bel et bien au cœur de la vie de tous les Français, comme structure sachant s'adapter aux conditions de la vie moderne.

Le quotidien d'un écolier

Ainsi s'égrènent, tout au long de l'année, les journées de classe qui font se succéder travail et détente. Le matin à 8 h ou 8 h 30, la journée débute par un appel solennel, et gare à l'écolier qui arrive en retard ou fait l'école buissonnière : le maître tient un registre des absences, et les sanctions sont lourdes en cas d'abus. La matinée est généralement consacrée aux leçons, aux cours magistraux, quand les élèves ne sont pas encore trop fatigués. Le maître explique, reprend des passages de la leçon précédente, étudie des documents ou commente des cartes avec la classe.

À 10 h, la cloche ou la sonnerie vient libérer les élèves pour un répit d'un quart d'heure. Cette récréation pour les enfants est également une coupure nécessaire au maître. La

En presque 70 ans, l'aspect de la classe a relativement peu changé : armoire, carte de géographie, globe terrestre... Ces pupitres plans aux pieds tubulaires semblent modernes en 1968, pourtant certains écoliers en avaient déjà au début du siècle !

cour, s'il fait beau ou le préau, s'il pleut, résonne de cris, de rires, de galopades et de bruits de balles frappant les murs. Jeux, bagarres parfois, conciliabules, confidences, le tout sous la houlette du surveillant, sévère arpenteur vêtu de noir, lorsqu'il ne reste pas en classe pour préparer le travail, tout en jetant un regard attentif aux ébats de ses élèves. Tout débordement se voit d'abord sanctionné par un coup de sifflet et les fortes têtes se retrouvent « privées de récré ».

À la reprise, vient le temps de la restitution, épreuve qui a marqué des générations d'écoliers. Que ce soit à l'oral, au tableau ou par écrit, il faut faire preuve de toute son attention au cours et témoigner de ses connaissances.

L'interruption de midi est la plus longue et donc la plus attendue de la journée ; l'école s'arrête à 11 h ou 11 h 30 pendant deux heures consécutives. Le déjeuner est un moment important de la vie scolaire. Certains enfants rentrent chez eux, d'autres prennent leur repas dans la cour ou le préau. L'organisation des cantines scolaires s'est progressivement mise en place, d'abord dans les plus grandes villes, au début du XXe siècle. Partout ailleurs, les enfants apportent leur gamelle. La durée du repas est brève, de manière que les enfants aient le temps de s'amuser.

L'après-midi est rythmé par les leçons, les exercices et les récitations, entrecoupés d'une récréation d'un quart d'heure, et s'achève à 16 h ou 16 h 30. Parfois, la monotonie des heures est rompue par un passage à la piscine, un entraînement sportif, une sortie scolaire. Grandement appréciées des élèves, ces échappées sont soigneusement préparées, parfois pendant plusieurs semaines. Il s'agit aussi bien de la visite d'un musée ou d'un salon professionnel (les salons du livre, provinciaux ou parisiens, sont fort prisés) ou d'une entreprise que de la découverte d'un milieu naturel ou d'un monument historique. Ces excursions sont choisies en liaison avec les enseignements dispensés, qu'elles illustrent et auxquels elles donnent un inappréciable complément.

À la fin de la journée, quelques élèves en

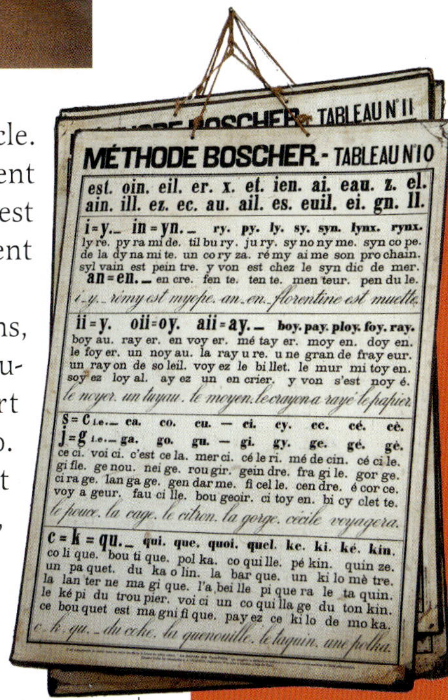

Les murs de la classe sont utilisés pour instruire l'élève ; cartes d'histoire et de géographie, panneaux pédagogiques et bons principes se côtoient savamment, captant chacun leur tour l'attention de l'enfant.

Assis à son bureau, perché sur l'estrade, le maître domine la classe qui lui fait face. Il est vu de tous et peut voir chacun. Le tableau noir écrit à la craie blanche offre un bon rapport de contraste pour la lisibilité.

quête de bon point se portent volontaires pour effectuer les tâches nécessaires à l'entretien de la classe : laver le tableau et le tampon à l'eau claire (au risque de s'étouffer dans la poussière de craie), vider la corbeille... Dans les premières écoles, à l'aube du XXe siècle, l'instituteur représentait à lui seul tout le personnel de l'école et devait dès lors assumer toutes les tâches d'entretien.

Un lieu d'apprentissage...

Hormis les sorties, la vie de l'écolier a pour théâtre une pièce banale, au mobilier standardisé. Le matériel et le mobilier scolaires, produits en grandes quantités et distribués partout en France, varient peu d'une école à l'autre. De 1890 à 1950, toutes les salles de classe sont, peu ou prou, sur le même modèle. Au fond, l'estrade du maître avec son bureau. La position en hauteur de l'enseignant lui permet d'être vu par tous les enfants et d'imposer le respect et la discipline. Derrière le bureau, le tableau noir, puis vert à partir des années 1960, simple ou à volets, mobile ou fixe, est au centre de toutes les attentions, objet craint et redouté, à la fois vecteur de connaissance et instrument de torture. La craie blanche carrée, taillée dans un bloc de calcaire, est de rigueur ; les craies rondes, en plâtre, puis de couleur, viendront plus tardivement. En face, il y a la classe proprement dite.

Les pupitres en bois ciré puis verni, individuels ou accueillant deux élèves ou plus, s'organisent en rangées. Les pouvoirs publics ont longuement cherché la forme la plus ergonomique possible pour ces meubles dont, pourtant, des générations d'écoliers ont eu l'impression qu'ils étaient tous semblables... et tous inconfortables. Fixes ou mobiles ? Avec siège incorporé ou indépendant ? Avec tablette inclinée ou horizontale ? Aucune solution miracle n'a été trouvée, qui respecte l'anatomie des enfants, ne courbe pas leur dos et rende aisés l'écriture et le dessin. C'était mission à peu près impossible,

La découverte de la géographie se fait par les panneaux pédagogiques, que l'enseignant commente.

puisque la taille des élèves varie de plusieurs centimètres dans une même classe. Mais au diable les ergonomes, les pupitres ont été pour chaque écolier avant tout un coffre où accumuler mille et un trésors. Quant à la place occupée par chacun dans la classe, elle est attribuée par le maître, généralement pour le trimestre... et en fonction des résultats de l'élève. Les meilleurs ont droit au premier rang, tandis que les cancres sont relégués au fond de la classe. En cas d'indiscipline, l'élève peut occasionnellement venir s'installer sous les yeux du maître, mais ce n'est pas une place très confortable. Les copieurs n'ont pas le droit d'avoir un camarade de pupitre, de même les bavards peuvent être séparés. Pour faciliter la lecture au tableau, les enfants portant des lunettes obtiennent des places avancées ; les difficultés de vision sont souvent invoquées pour conquérir les premières tables.

La classe est avant tout un lieu d'apprentissage et tout l'espace est mis à contribution pour réaliser au mieux la mission d'éducation. Il en est ainsi des murs, recouverts de larges panneaux aux sujets variés. Cartes géographiques, abécédaires, leçons de morale illustrées, planches d'anatomie, les panneaux cartonnés sont rapidement devenus un matériel pédagogique de grande valeur, permettant de présenter des données aux yeux de tous plus rapidement qu'en les écrivant au tableau. Enfin, l'arsenal pédagogique du maître est complété par la traditionnelle armoire du fond de la classe, dûment fermée à clé, qui regorge de mystères chers aux enfants. Matériel de chimie, maquettes et réserves de craie et d'encre y sont entreposés, sans oublier le globe terrestre. Souvent, c'est la partie supérieure de cette armoire qui sert de bibliothèque au maître, et lui permet de stocker les livres de classe inutilisés. La bibliothèque scolaire contient aussi certains « bons livres » à la morale irréprochable que le maître prête à ses élèves les plus prometteurs.

... où il fait bon vivre

Situé au centre ou dans un coin de la salle, un poêle, à bois ou à charbon, fonctionne durant toute la saison froide. Le maître arrive plus tôt que les élèves pour allumer le feu et réchauffer la classe. Les plus chanceux, placés près du poêle, profitent de la chaleur bienfaisante qui les endort. Gare au chahut aux abords du poêle, car une grille n'en protège pas toujours l'accès. Dans les petits villages, à tour de rôle, les écoliers apportent une bûche pour alimenter le feu. À partir des années 1950, la classe se modernise, le poêle disparaît au profit du chauffage central, mais l'atmosphère, si caractéristique, à la fois studieuse et enfantine reste inchangée.

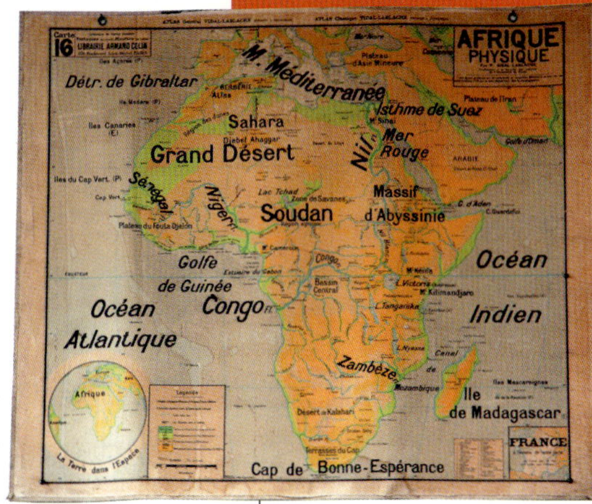

Sur cette carte de géographie, certains aspects physiques de l'Afrique sont mis en avant, comme le grand désert du Sahara, le massif d'Abyssinie, à côté de quelques noms (Congo, Soudan).

Le matériel pédagogique, soigneusement rangé dans une armoire, est souvent fonction des dons des habitants ou tout organisme de bienfaisance.

Impeccable dans sa blouse grise, cet instituteur des années 1940 aide l'enfant dans son travail.

La voie de nos maîtres

Garants de l'instruction des enfants, les instituteurs et institutrices sont auréolés du prestige des lettrés. Ils sont pourtant issus des classes populaires. Ils se rendent disponibles et accessibles à tous, assurant parfois la fonction de secrétaire de mairie.

À LA PORTE d'une solide maison d'apparence respectable, au fronton de laquelle on lit « Mairie-École » ou bien « École de garçons », un personnage d'allure imposante se tient très droit. Il porte une chemise immaculée à col dur, une cravate bien nouée et un costume sombre. Nous sommes dans un village français, peu importe lequel, et la scène se passe vers 1900. L'homme a un visage à la fois austère et bienveillant. C'est l'instituteur. Il s'apprête à faire entrer dans l'école un groupe d'élèves bruyants, intimidés et faussement désinvoltes, qui se poussent du coude en ricanant.

En 1917, selon les directives du ministère de l'Instruction publique, l'instituteur devait enseigner l'évolution de la guerre à ses élèves.

Un fonctionnaire d'État

L'instituteur et l'institutrice sont des fonctionnaires d'État, nommés jusqu'en 1954 par le préfet. Ils ont été formés pendant trois ans dans des écoles normales et, leur diplôme obtenu, rejoignent leur premier poste, une modeste école de village ou de quartier, le plus souvent à classe unique, regroupant des enfants de six à treize ans, tous niveaux confondus. Certains ne quitteront le village et l'école de leur enfance que le temps de leur formation après le brevet et exerceront leur

L'atmosphère de cette classe de 1900 doit beaucoup à la personnalité de l'institutrice qui, par son sourire bienveillant, évoque le pédagogue éclairé proche de ses élèves.

Les instituteurs possédaient leur propre quotidien, dont le premier numéro est paru en 1917.

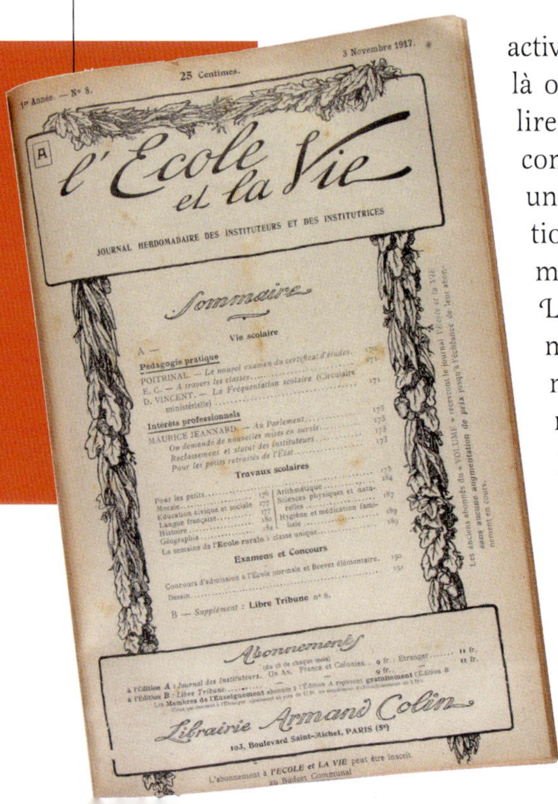

1re Année. — N° 8. 25 Centimes. 3 Novembre 1917.

A

l'Ecole et la Vie

JOURNAL HEBDOMADAIRE DES INSTITUTEURS ET DES INSTITUTRICES

Sommaire

Vie scolaire

A —

Pédagogie pratique

POITRINAL. — *Le nouvel examen du certificat d'études.*

E. C. — *A travers les classes.*

D. VINCENT. — *La Fréquentation scolaire* (Circulaire ministérielle)

Intérêts professionnels

MAURICE JEANNARD. — *Au Parlement.*

On demande de nouvelles mises en sursis.

Reclassement et statut des instituteurs.

Pour les petits retraités de l'État.

Travaux scolaires

Pour les petits ... Morale ... Éducation civique et sociale ... Langue française ... Histoire ... Géographie ... Arithmétique ... Sciences physiques et naturelles ... Hygiène et médication familiale

La semaine de l'École rurale à classe unique.

Examens et Concours

Concours d'admission à l'École normale et Brevet élémentaire.

Dessin

B — *Supplément :* Libre Tribune n° 8.

Les anciens abonnés du « VOLUME » recevront le journal l'École et la Vie sans aucune augmentation de prix jusqu'à l'échéance de leur abonnement en cours.

Abonnements

Librairie Armand Colin

103, Boulevard Saint-Michel, PARIS (5e)

L'abonnement à l'ECOLE et LA VIE peut être inscrit au Budget Communal

activité professionnelle là où ils ont appris à lire et à écrire. La commune leur offre un logement de fonction, dans l'école, la mairie ou tout près. Leur traitement est modique, mais il les met à l'abri de la misère, sinon de la pauvreté. Après 1945, il suivra mal l'augmentation du coût de la vie, une vie qui deviendra pénible pour bien des enseignants ruraux, solitaires et loin de tout. Dans son récit autobiographique *La soupe aux herbes sauvages,* Émilie Carles, institutrice dans un village perdu du Massif central, raconte qu'elle complétait l'ordinaire avec des champignons, des plantes des champs et des fruits sauvages, et se chauffait au bois ramassé en forêt.

Ce n'est d'ailleurs pas le désir de sécurité qui motivait les enseignants. Ces maîtres d'autrefois « avaient une foi totale dans la beauté de leur mission, une confiance radieuse dans l'avenir de la race humaine. Ils méprisaient l'argent et le luxe, ils refusaient un avancement pour continuer la tâche commencée dans un village déshérité », écrit Marcel Pagnol, ce fils d'instituteur, dans *La Gloire de mon père.*

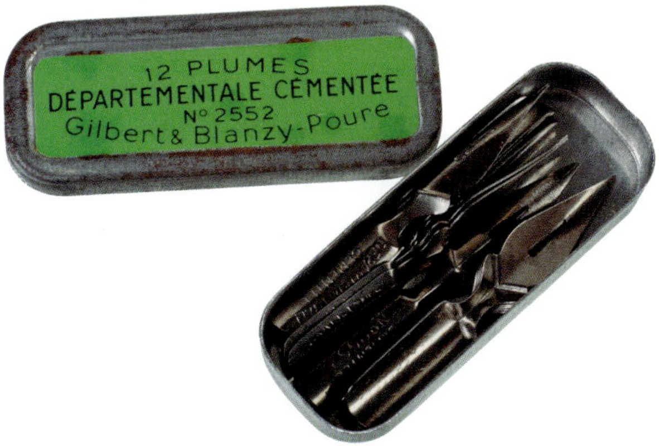

Face à la classe, comme dans la vie sociale, l'instituteur est celui qui possède la connaissance.

Un certain prestige social

Si les émoluments du maître sont modestes, son prestige ne l'est pas. Lettré dans un milieu mal alphabétisé, francophone alors qu'autour de lui on pratique spontanément la langue locale, il est auréolé de la gloire un peu magique du savant. Mais c'est aussi quelqu'un de serviable et de disponible. Souvent secrétaire de mairie, il tient les registres des délibérations municipales. On fait appel à lui pour se repérer dans les méandres de l'administration, pour rédiger une lettre officielle, pour présenter une requête.

D'origine généralement très simple, fils de paysan, d'ouvrier, d'employé, il est proche de ses élèves. Son mode de vie l'en distingue pourtant, mais ses racines lui permettent de les comprendre. Au village, il est parmi les siens. Cette relative aisance, cette reconnaissance de son rôle et de ses talents sont récentes : cela ne remonte pas au-delà du premier tiers du XIXe siècle. Auparavant, le maître, choisi par les villageois avec l'accord du curé, ne jouissait d'aucun prestige ; dépourvu de tout diplôme, à peine moins ignorant que ses élèves, il était misérablement payé, disposait rarement d'un lieu décent pour faire la classe et n'enseignait que pendant les quelques mois d'hiver, car au printemps et en été, les enfants étaient aux champs.

Une lente professionnalisation

À l'époque où s'institutionnalise l'enseignement élémentaire, sous la Monarchie de juillet, les maîtres sont, depuis 1816, tenus de se soumettre à un examen pour obtenir du recteur un brevet de capacité à trois degrés. On accorde le troisième à ceux qui savent lire,

Les instituteurs tiennent un journal quotidien de la classe, dans lequel ils consignent toutes les activités et les événements. À chaque inspection, ce registre témoigne de leur activité au sein de l'école et de l'évolution des élèves.

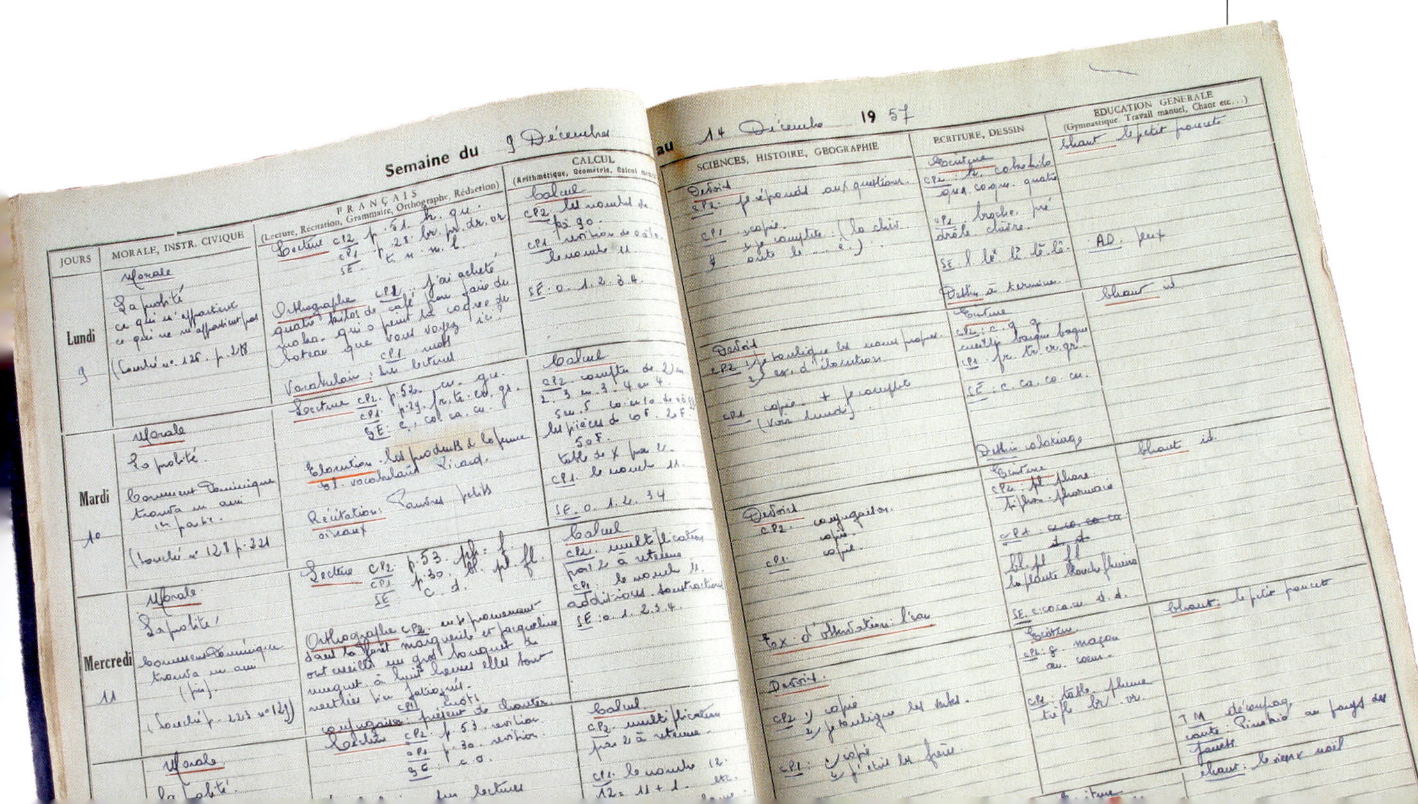

Les écoles normales fonctionnent en internat avec une organisation quasi militaire.

écrire et compter, le deuxième à ceux qui ont, en outre, des rudiments d'orthographe et de calcul, le premier à ceux qui y ajoutent des lumières sur l'arpentage, l'arithmétique et la grammaire. Ce brevet est, en principe, exigé de tout candidat à un poste d'instituteur ; il ne semble pas que cette exigence ait été partout respectée.

La loi Guizot de 1833 réorganise ce système. Des écoles normales sont créées dans chaque département pour former les enseignants. L'on y entre par concours ; des bourses en ouvrent la porte aux candidats méritants, la scolarité dure deux ans (elle sera rapidement portée à trois ans), l'on y mène une existence quasi monacale. Au départ, tant l'instruction primaire que la formation des maîtres sont réservées aux garçons. En 1836, l'obligation d'ouvrir une école par commune avait, certes, été étendue aux écoles de filles, en 1838, les premières écoles normales d'institutrices avaient vu le jour, mais, peu nombreuses, elles n'avaient pas le même statut légal que celles de leurs homologues masculins.

Les élèves instituteurs apprennent à manier les outils de la fonction : le compas pour le tableau, l'encre écarlate...

En 1880, Jules Ferry, ministre de l'Instruction publique, commence à reconstruire tout le système éducatif. Les professeurs des écoles normales départementales feront désormais leurs études à l'École normale supérieure de Saint-Cloud, pour les garçons, de Fontenay, pour les filles. Leurs compétences se rapprochent de celles des professeurs d'université.

Dans toutes les écoles normales, l'internat est la règle ; il en sera ainsi jusqu'en 1969. Les dortoirs du XIXe siècle, aux lits alignés en rangs d'oignons, se découpent peu à peu en cabines assurant un minimum d'intimité. Des rideaux, puis des cloisons légères en bois, définissent, surtout dans les internats de jeunes filles, des espaces analogues aux cellules conventuelles, meublés d'un lit et d'une table de toilette, fermés par une tenture. Jeunes hommes et jeunes femmes portent l'uniforme et fournissent leur trousseau, premier signe d'ascension dans l'échelle sociale. Reçue au concours de l'école normale en 1952, Marie Rouanet raconte dans son recueil de souvenirs, Nous les filles, qu'elle éclatait d'orgueil en brodant son trousseau, car, maintenant, elle avait un trousseau « comme les héritières ».

Cet uniforme est, au XIXe siècle et au début du siècle suivant, d'une identique sévérité pour les deux sexes. Comme le note Charles Péguy, le noir est la couleur de l'enseignement primaire. Noirs la longue redingote sévèrement boutonnée, le pantalon, le gilet et la casquette, qui transforment les garçons en « hussards noirs ». Noire également l'ample robe des filles, à peine égayée par un col blanc, sombre le tablier qui les enveloppe de l'épaule aux chevilles. Et obligatoire le chignon serré.

Les futurs maîtres obéissent à une discipline quasi militaire. Ponctuées de roulements de tambour, les journées sont longues. Entre 5 h et 21 h, cours et travail en étude se succèdent sans autres interruptions que de brèves récréations, incluant le temps passé à faire le ménage des locaux et les repas au réfectoire. Roulements de tambour mis à part, les futures maîtresses ont le même emploi du temps et la même vie monacale.

En entrant à l'école normale, garçons et filles changent d'univers. À la vie pauvre, mais plutôt libre, des petits paysans, succède un enfermement oppressant dans des locaux souvent spacieux et confortables, mais en pleine ville. Tout est différent, étrange et étranger : les lieux, la nourriture, les vêtements, les manières, les voisins, le rythme des jours ; et les sorties sont rares. L'adaptation est parfois rude.

La maîtrise du système métrique, notamment l'usage du mètre d'arpenteur, outil indispensable dans le monde rural, fait partie du bagage nécessaire pour obtenir le brevet de premier degré.

Tout savoir sur tout

L'enseignement reçu est dans le droit-fil de l'enseignement élémentaire, que les pensionnaires viennent de quitter (certains ont, avant la Première Guerre mondiale, moins de dix-sept ans), et auquel ils vont consacrer leur vie. Au triptyque « lire, écrire, compter » succèdent des programmes dont l'encyclopédisme donne le vertige : littérature, langues vivantes, histoire, géographie, mathématiques, physique, chimie, horticulture, dessin, musique… Est-ce réaliste ? Peut-être pas. Est-ce bien utile ? Oui, si l'on considère que le maître doit disposer d'un éventail très large, aussi bien dans les domaines historique et littéraire que dans le domaine scientifique. Il sera appelé à aborder

Vers la fin des années 1960, l'enseignement se féminise : un plus grand nombre de femmes accède aux postes d'instituteur et de directeur des écoles.

Le maître doit se faire respecter et imposer la discipline, tout en obtenant la confiance des élèves.

toutes les matières, depuis la liste des départements et la chronologie des rois de France jusqu'aux fameuses « leçons de choses », depuis les règles de grammaire jusqu'à la géométrie plane. Les instituteurs ruraux sont en outre formés au jardinage et, partiellement, à l'agronomie, de manière à pouvoir conseiller leurs voisins au village (et à préparer leurs élèves à l'épreuve d'agriculture du certificat d'études), tandis que les institutrices perfectionnent leurs talents de couturières et se familiarisent avec la puériculture.

Pendant leurs études, les élèves-maîtres ont peu d'occasions de mettre leur savoir théorique en action. Ils peuvent – mais ce n'est pas une obligation – s'exercer à la pratique de l'enseignement dans les écoles annexes ou dans les écoles et les classes d'application. La pédagogie n'est pas encore au centre de leur formation.

Des rôles bien définis

Une fois sortis de l'école normale, maîtres et maîtresses devront exercer fermement leur autorité. Leurs élèves ne songent pas à la contester, ils sont trop occupés à la contourner. Le père Simon, qui tente d'inculquer quelques notions de base aux valeureux soldats de La Guerre des boutons de Louis Pergaud, est impuissant devant leurs ruses. Le premier de la classe souffle, du coin de la bouche, les bonnes réponses aux cancres ; ces derniers consultent subrepticement leurs livres pour y dénicher une ou deux informations qui permettront de ne pas rendre un devoir réduit à une page blanche ; l'élevage des hannetons prospère dans les casiers. Il s'agit là de dégâts collatéraux qui ne nuisent guère au fonctionnement de l'école de la République. Cet univers de blouses grises, de craies blanches, de pupitres en bois et de tableau noir demeurera à peu près immuable jusqu'aux années 1960, malgré le changement d'intitulé du ministère de l'Instruction publique devenu, en 1932, ministère de l'Éducation

À l'heure où la photocopie n'existe pas, encore moins les ordinateurs, les enseignants disposent d'un arsenal de tampons. Le soir, après la classe, ils tamponnent chaque cahier pour la leçon du lendemain.

Outre l'écriture, le calcul, l'histoire, la géographie… le maître doit également apprendre le jardinage et avoir des notions de botanique. Les sorties sont l'occasion de faire découvrir certains aspects de la nature aux enfants.

nationale. L'ambition globalisante dont témoigne ce nouveau nom ne se traduit pas dans les faits. Le rôle de l'école est d'instruire, le rôle de la famille est d'éduquer. L'enseignant dispense des connaissances en suivant un programme, s'assure que ses élèves les ont assimilées et fait régner la discipline. Il est lui-même soumis à de régulières inspections: les inspecteurs s'invitent en classe. Leur satisfecit est attendu avec anxiété, leurs blâmes peuvent ruiner une carrière. Le contrôle de l'État ne s'arrête pas là. Depuis 1880, l'inspecteur d'académie organise des conférences pédagogiques cantonales dont il fixe le lieu, la date et l'ordre du jour. Il est obligatoire d'y assister. Ces réunions préfigurent, d'une certaine manière, les actuelles journées de formation continue.

Le guide chant doté d'une poignée pour actionner la soufflerie permet d'accompagner les élèves. Des notions de solfège sont enseignées dès le primaire.

En l'absence de professeurs spécialisés, que peuvent uniquement s'offrir Paris et quelques autres grandes villes, l'enseignement de la musique est souvent le fait d'une initiative personnelle. Dans cette classe des années 1960, le maître entraîne ses élèves en jouant de l'accordéon.

Regard attentif, opérations bien posées : quel sera le résultat de ces additions, soustractions et multiplications avec fractions ?

Au tableau !

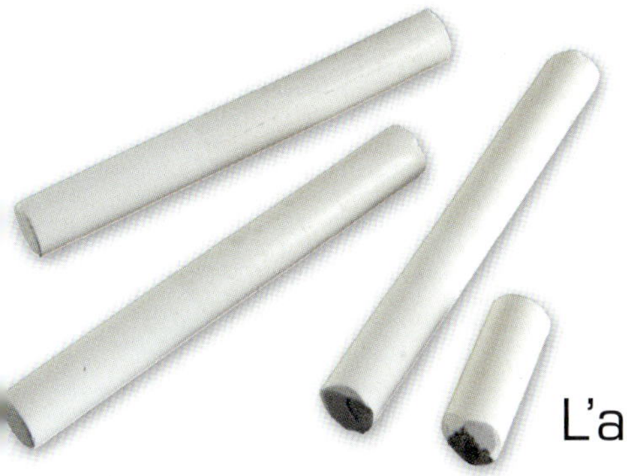

L'acquisition des connaissances repose sur la répétition et la mémorisation. Quelques disciplines d'observation donnent une ouverture sur le monde. Les apprentissages sont régulièrement vérifiés et sanctionnés par une gratification ou, une punition.

Lire, écrire, compter : c'est sur ce socle que repose tout l'enseignement depuis que l'école existe. Dès l'école primaire, les enfants apprennent également l'histoire, la géographie et abordent les sciences par les leçons de choses.

L'index impératif de l'instituteur semble ôter tous ses moyens à l'écolier qui, visiblement, ne trouve pas la bonne réponse.

Un livre est un ami

Pour de nombreux enfants, l'école permet de découvrir le livre, outil indispensable à l'apprentissage. Jusqu'au début des années 1950, il est de petit format, avec des caractères minuscules pour les écoliers dont l'œil est peu exercé à déchiffrer les lettres, et illustrés de gravure, qui prennent des couleurs relativement tôt dans le siècle. Le livre unique de lecture rassemble le vocabulaire, l'orthographe, l'observation, mais également la morale et les leçons de choses. Puis, à mesure que le livre devient plus grand, les images colorées se multiplient, les textes deviennent moins denses et le corps des lettres plus gros. Des livrets d'exercices viennent compléter cet outil, dans lesquels l'enfant peut découper, coller, colorier et répondre aux questions. Fourni gratuitement par l'école, le livre doit être couvert par les parents, qui s'appliquent à marquer les plis du papier kraft blond ou bleu. L'étiquette est un luxe ; bien souvent les couvertures sont muettes, mais les élèves savent reconnaître leur livre. Tourner les pages

Ces élèves de CP ont encore leurs joues de bébé. Ils vont apprendre à lire avec cette méthode à la fois alphabétique et syllabique et à écrire. Pour former de belles lettres, ils s'initient au maniement du crayon avant de prendre la plume.

pour découvrir les leçons à venir, scruter les illustrations pour comprendre ce qu'elles racontent, regarder la dernière lecture comme la plus difficile à atteindre, tels sont les plaisirs des premiers jours de classe. Le livre est aimé comme source de découvertes, images et sujets s'impriment durablement dans la mémoire des enfants.
Selon la richesse des écoles, le nombre de livres peut être limité, les enfants suivent alors à deux sur un même exemplaire. Pour les devoirs, ils doivent également partager. Le maître intime aux élèves de prendre grand soin à ce qui leur est confié et punit sévèrement ceux qui découpent les images, écrivent ou cornent les pages, ou encore oublient le livre à la maison.

Apprendre à lire

Les écoliers d'autrefois apprenaient à lire en épelant les lettres de l'alphabet ; il leur fallait beaucoup de temps pour comprendre comment les lettres s'assemblaient pour donner des syllabes, puis des mots. L'épellation est peu à peu abandonnée, la méthode syllabique s'impose. L'écolier vocalise les syllabes que le maître montre au tableau ou en suivant du doigt ou avec la règle sur le livre. L'apprentissage est fondé sur la répétition qui facilite la mémorisation. Certains pédagogues tiennent cela pour des psalmodies dépourvues de sens. Ils proposent, peu après la fin de la Deuxième Guerre mondiale, des méthodes dites globales ou analytiques : l'élève part d'un ensemble qui fait sens, puis parvient à distinguer les mots, les syllabes dans les mots et les lettres dans les syllabes.

L'écriture est un art

Pendant des siècles, l'apprentissage de la lecture est dissocié de celui de l'écriture, qui intervient bien après l'alphabétisation. Beaucoup d'enfants sortent de l'école en sachant lire, mais en pouvant à peine signer leur nom. Le geste d'écrire n'est pas un geste banal de la vie quotidienne, c'est de l'art, fondé sur une technique qui exige un matériel spécifique et une maîtrise des gestes qu'on acquiert lentement.
Mise sur le marché à partir de 1860, la plume en métal, commode et solide, se généralise. La fabrication a été un monopole britannique jusqu'à ce que l'usine Blanzy-Poure, installée à Boulogne-sur-Mer, diffuse sa

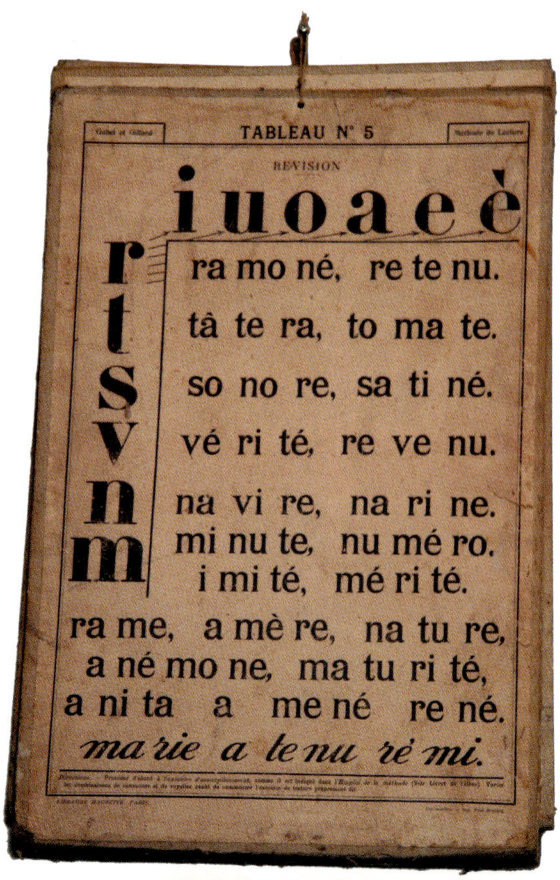

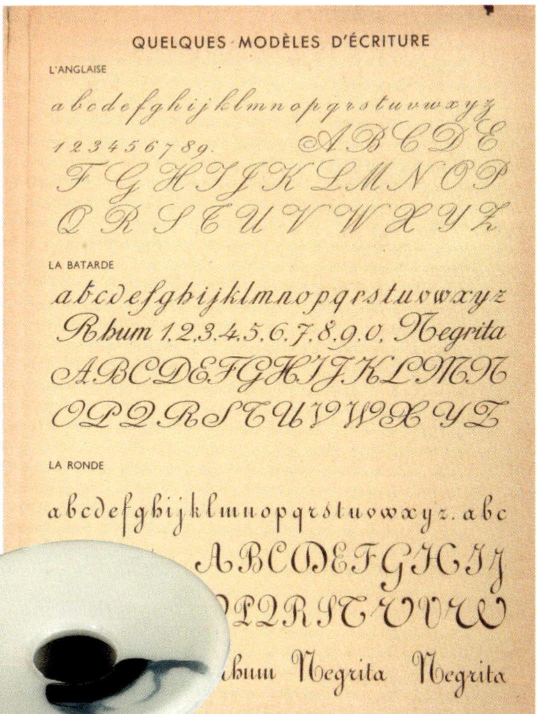

L'anglaise, la batarde et la ronde sont enseignées à l'école primaire ; leur tracé fait appel à des plumes spécifiques.

production dans la France entière. Dans la mémoire des écoliers, le binôme Blanzy-Poure fait écho au duo Baignol et Farjon. Mais la plume la plus utilisée est l'illustre Sergent-Major, opportunément baptisée par le fabricant d'un nom guerrier et présentée dans une boîte décorée de l'image d'une victoire de l'armée française, la boîte étant entourée d'une bande tricolore. Il y avait là de quoi faire vibrer les petits Français qui rêvaient de gloire militaire et de revanche sur la défaite de 1871.

La lettre gothique est peu à peu abandonnée dans les écoles, la bâtarde et la ronde, diaboliques, sont réservées à des scripteurs confirmés, la cursive, ou coulée, qui permet des mouvements assez naturels de la main et du bras, est quotidiennement pratiquée.

La plume permet les pleins et les déliés, que l'écolier apprend à exécuter sans appuyer de manière excessive sur son outil. Le tracé des lettres est d'abord effectué au crayon par un apprentissage régulier au cours des petites classes. Le maître fait un modèle à la plume dans la marge, que l'élève copie scrupuleusement, tentant d'apporter à chaque fois le même soin. Outre le geste, il faut également maîtriser la quantité d'encre prélevée dans l'encrier : trop, c'est la tache assurée, pas assez, c'est un plein qui s'amenuise !

Le stylo-bille, préconisé à partir de 1965 par les instructions ministérielles, donne à tous les jambages la même épaisseur, plus besoin

Attentive, l'institutrice examine le travail d'un élève, alors qu'un autre, assis, paraît plongé dans un abîme de perplexité. Se souvient-elle de ses cahiers de CP ; aussi bien écrits que joliment illustrés ?

Le plumier en bois sera remplacé par la trousse en cuir, puis en plastique, qui se généralise dans les années 1950.

Les taches d'encre sont indélébiles et l'écolier qui n'a pas su prélever la quantité d'encre juste nécessaire a honte de montrer son cahier couvert de pâtés.

Ces images, qu'on colle sur des cahiers, donnent vie à un enseignement magistral parfois bien abstrait.

d'exercer, comme dans la cursive, une pression différente de la main pour les pleins et les déliés. D'abord traîtreusement crachoteur, il s'est fait raisonnablement fiable. Auparavant, le crayon-encre a permis de jolis effets sur les pages de cahier. Sec, c'est un banal crayon, léché, il « écrit violet », comme à la plume, sans produire de belles calligraphie. Jusqu'à ce que l'administration équipe ses bureaux de machines à écrire, ce qui est intervenu très tard, les employés aux écritures devaient impérativement écrire de façon à la fois lisible et élégante, et – cela va sans dire – sans faute d'orthographe.

Manuscrites ou imprimées, les lettres demeurent difficiles à apprivoiser. Les enseignants déploient des trésors de patience pour faire reconnaître le A majuscule qui a deux jambes, pour différencier les C et D bossus, chacun dans un sens, pour faire tracer des M comme des petits ponts, des O tout ronds... Ces efforts sont parfois vains. Si intelligents qu'ils soient, le dyslexique, qui confond b et d, et le gaucher, qui peine à écrire sans faire de pâtés, ne tiennent pas le rythme de la classe. Il faudra beaucoup de temps pour qu'on cesse de prendre le premier pour un retardé mental, le second pour un flemmard plein de mauvaise volonté, et pour qu'on les aide à suivre une scolarité normale.

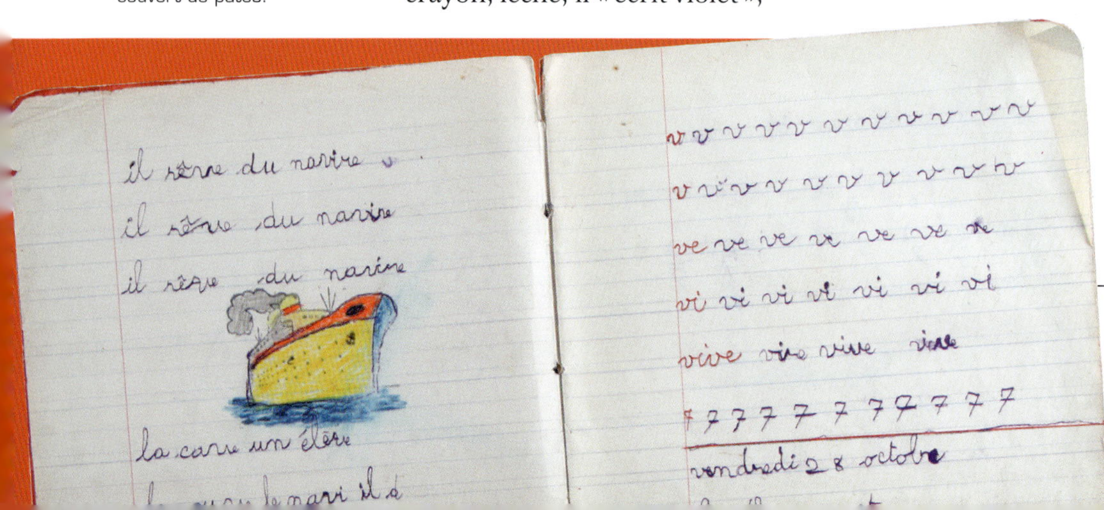

Les petits écrivent sur des lignes suffisamment espacées pour former les lettres, avec la contrainte de ne pas dépasser !

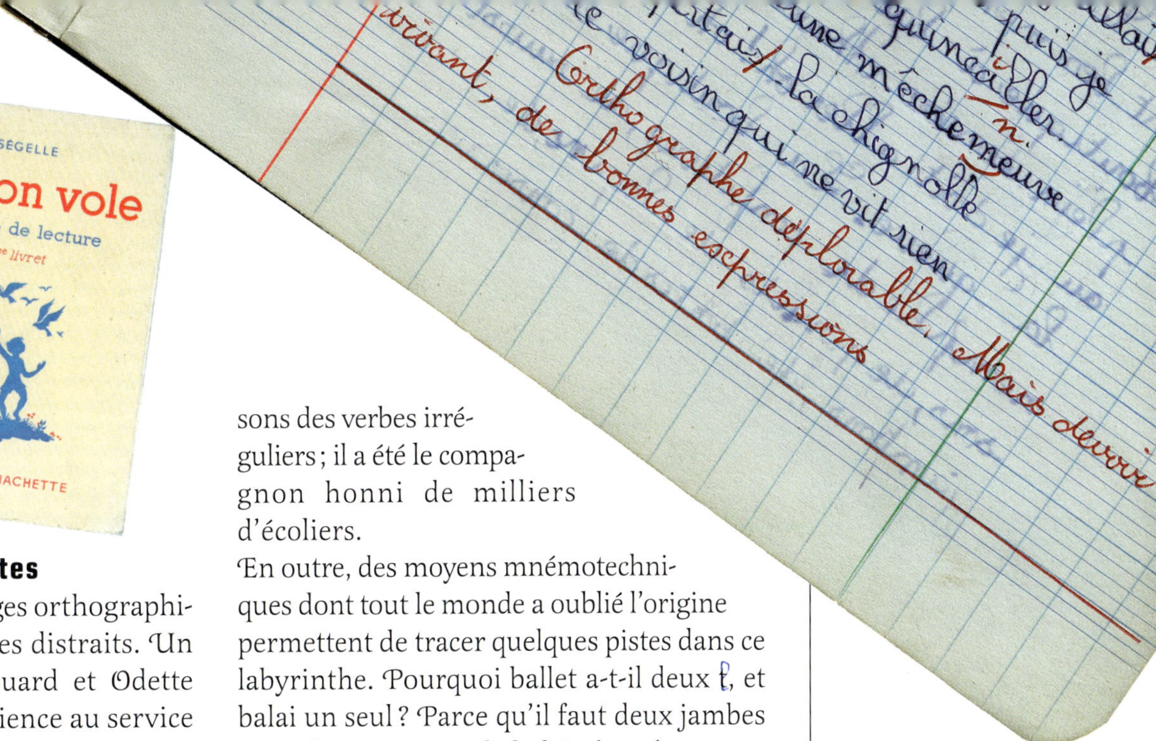

Brouillé avec l'orthographe, l'élève imaginatif se console en se disant qu'on reconnaît son talent d'écrivain.

Faire des phrases correctes

Le français est fertile en pièges orthographiques, qui font le malheur des distraits. Un couple d'enseignants, Édouard et Odette Bled, a mis sa double expérience au service du rêveur. Leur guide d'orthographe, si célèbre qu'il est toujours nommé « le Bled », en négligeant le titre, comme on dit « le Larousse » ou « le Robert », expose toutes les règles pratiques, depuis l'orthographe grammaticale jusqu'aux fantaisistes conjugaisons des verbes irréguliers ; il a été le compagnon honni de milliers d'écoliers.

En outre, des moyens mnémotechniques dont tout le monde a oublié l'origine permettent de tracer quelques pistes dans ce labyrinthe. Pourquoi ballet a-t-il deux l, et balai un seul ? Parce qu'il faut deux jambes pour danser, et que le balai n'a qu'un manche. Et la vieille a deux i car elle tient deux cannes. Cela ne marche pas à tous les coups ; pour savoir combien de r comportent chariot, charroi, charrue et charrette, il n'y a d'autre solution que d'apprendre la série par cœur.

L'habileté de l'élève à tracer de belles lettres s'acquiert à force de patience et d'entraînement. Le programme prévoit un temps considérable réservé à cet exercice.

L'apprentissage de l'arithmétique repose sur des bases concrètes. On apprend les nombres en comptant des bûchettes, on visualise les mesures de capacité grâce à des récipients de diverses tailles (les mêmes mesures utilisées pour servir le lait), on apprend le système métrique en déclinant les préfixes, toujours les mêmes, de l'unité de base au plus grand, et au plus petit, du myria- au micro-.

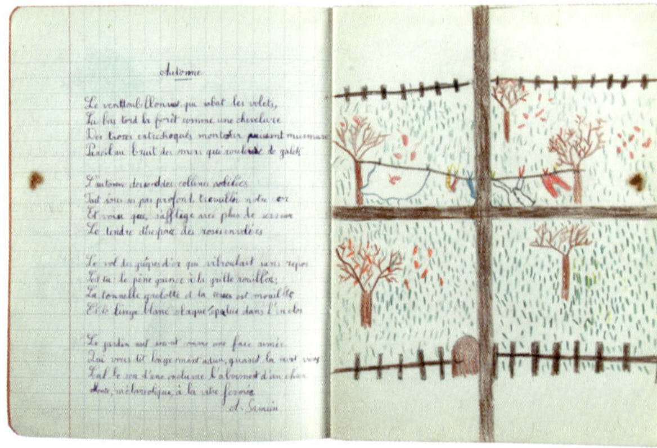

Copié avec soin, le poème à réciter est joliment illustré : texte et image se répondent.

L'orthographe est vérifiée par des dictées. Pour faciliter la tâche de ses élèves, l'instituteur triche un peu ; il insiste sur certains sons, marque les liaisons qui différencient infinitif et participe passé, prononce les consonnes finales : avec lui, les moutons, pourvus d'une longue queue de s supplémentaires, deviennent des moutonssss. Épreuve reine du certificat d'études (cinq fautes valent un zéro éliminatoire), la dictée de mots, puis de phrases est un exercice quotidien.

La dictée ne permet pas seulement d'apprendre comment s'écrivent les mots, mais comment, à l'intérieur d'une phrase, ils s'agencent pour produire un sens en obéissant à des règles de grammaire. Là aussi, il ne suffit pas de réfléchir (bien que ce soit recommandé), il faut aussi apprendre par cœur. Les conjonctions de coordination, par exemple. Des générations d'écoliers se sont demandé pourquoi cet imbécile d'Ornicar s'obstinait à se cacher, alors que toute la classe le cherchait : « Mais où est donc Ornicar ? ». Et ne parlons pas des conjonctions de subordination qui gouvernent des propositions tantôt à l'indicatif, tantôt au subjonctif.

Les maux du texte

Puis vient le plaisir (ou le déplaisir) du texte. La lecture en classe se fait à haute voix, chacun son tour. Il faut suivre avec son doigt et éviter d'être distrait pour reprendre le cours de la lecture à tout moment lorsque le maître le demande. Des petits rires fusent si le ton n'y est pas ou si les mots sont écorchés, aussitôt réprimés par l'enseignant, mais le mal est fait. La lecture à voix basse plonge la classe dans un silence monastique, rompu par les plus rapides, ceux qui ont fini de lire les premiers. Les plus lents doutent de leur compréhension tant les mots les torturent, ils ne sont pas les premiers à répondre aux questions posées par le maître.

Autre exercice délicat de diction : la récitation d'une fable ou d'une poésie, dont le rythme et les rimes doivent faciliter la mémorisation. Certains élèves ont un débit époustouflant et mangent la moitié des mots. Pour les timides, qui captent la moindre manifestation de l'auditoire, l'épreuve est souvent rude. La poésie est aussi l'occasion de faire un dessin dans le cahier et d'utiliser ses crayons de couleur. Enfin, le français consiste aussi à rédiger. L'élève raconte son quotidien et s'attache plus à exprimer des faits ou ce qu'il a ressenti qu'à se soucier de l'orthographe et de la grammaire. C'est pourtant ces aspects que le maître sanctionne.

Dans les années 1960, la radio diffuse des émissions à l'attention des écoles. Cette technologie fait son entrée dans la classe.

La manipulation est au cœur de certains apprentissages. Divers modèles en bois permettent aux écoliers de visualiser les formes des objets avant d'en déterminer les volumes.

Les mystères des nombres

Lire et écrire, c'est bien, mais il faut aussi compter. L'apprentissage de l'arithmétique s'appuie sur des exercices pratiques : on rassemble des noyaux en tas égaux, on fait des paquets d'allumettes... Les comptines facilitent la mémorisation des nombres et de leur enchaînement. : *Un deux trois nous irons au bois*... même si les rimes approximatives de *Quatre cinq six cueillir des cerises*, ou *Dix onze douze elles seront toutes rouges* choquent l'oreille du puriste.

Le système métrique offre des difficultés presque insurmontables aux jeunes ruraux qui préfèrent mesurer par pieds et par pouces comme leurs pères et grands-pères. Dans la classe, une armoire vitrée expose les mesures de longueur, de capacité et de poids. On utilise la chaîne d'arpenteur, un jeu complet de mesures en étain, les balance Roberval et les séries de poids. Lorsque plus personne ne se souviendra que la perche n'est pas seulement un long bâton ou un poisson, et que le pouce est autre chose qu'un doigt de la main, ces objets iront au musée. Le goût du concret ne disparaîtra pas. Gommettes, dominos et bûchettes remplacent noyaux et allumettes, mais le boulier est toujours là et l'on psalmodie toujours les tables de multiplication. Du moins jusqu'à ce que la calculette renvoie tout cela aux vieilles lunes.

Une fois les additions posées et les divisions avec retenues à peu près assimilées, on passe aux problèmes. Des trains se suivent et n'arrivent pas à la même heure ; des robinets remplissent des baignoires qui s'obstinent à fuir, donc à se vider (pourquoi n'appelle-t-on pas le plombier ?) ; on multiplie des mètres par des mètres et l'on obtient des car-

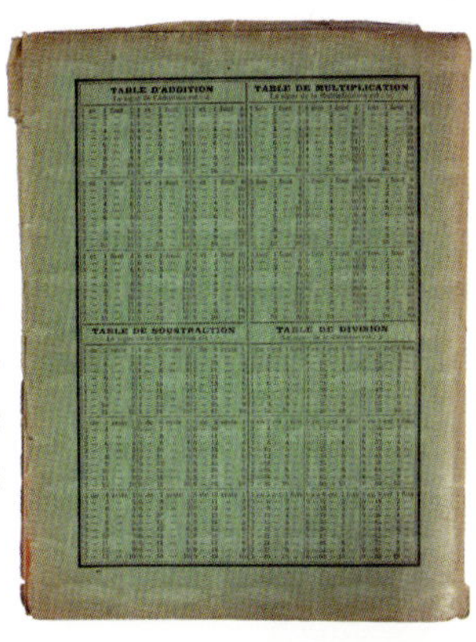
TABLE D'ADDITION

TABLE DE MULTIPLICATION

TABLE DE SOUSTRACTION

TABLE DE DIVISION

rés, ou des rectangles, ou une autre surface qui, même si elle ne ressemble pas du tout à un carré, s'exprime toujours en mètres carrés.

Les écolières apprennent des rudiments de couture, comme les différents points et les boutonnières, indispensables à l'économie ménagère.

Sous le regard attentif du maître, les élèves se livrent à une expérience de physique élémentaire.

L'histoire de France à l'honneur

Matière facultative au programme de l'école primaire depuis 1867, l'histoire enseignée est celle de France, « depuis l'établissement de la monarchie jusqu'à nos jours ». Professeur à la Sorbonne, passionné par les questions d'éducation, l'historien Ernest Lavisse rend, quant à lui, obligatoires les leçons d'histoire, car « à l'enseignement historique incombe le devoir de faire aimer et faire comprendre la patrie ». Son manuel Première année d'histoire de France a accompagné des générations d'écoliers. Il sert de fil conducteur aux propos du maître, relayés par l'imagerie. Sur les murs de la classe, les grands tableaux aux multiples personnages emplissent les imaginations enfantines de Gaulois moustachus, de destriers caparaçonnés, de francisques à deux tranchants et d'étendards fleurdelisés. Des notions de chronologie mettent de l'ordre dans cet univers foisonnant et mystérieux.

La France, son relief, son climat et ses habitants, est au cœur du programme de géographie. Il faut connaître tous les départements et leur préfecture et savoir reporter les principales villes, les cours d'eau et les mers sur une carte muette.

Les leçons d'histoire ou de géographie sont toujours accompagnées d'un court résumé que le maître donne à apprendre mot pour mot. La mémorisation des dates y est très importante.

Réalisation d'un journal scolaire. Ce typographe en herbe imprime la page en passant un rouleau sur le texte, préalablement encré, qu'il vient de composer avec les caractères pris dans le casier situé à sa droite, la casse aux multiples alvéoles dont chacune est réservée à une lettre.

Une ouverture sur le monde

Crayons, plumes, porte-plume et gomme sont rangés dans un plumier en bois verni, au couvercle coulissant décoré d'images aux vives couleurs, qui sera remplacé par une trousse en cuir, en toile ou en plastique. Ce petit matériel appartient en propre à l'écolier, comme son ardoise et le cartable. L'école fournit l'encre noire. Le maître ou le personnel de service remplit les encriers, que les élèves ont dû préalablement nettoyer de sorte à supprimer toute tache disgracieuse. C'est à l'occasion du remplissage des encriers que les élèves sont parfois invités à entretenir leur pupitre : la paille de fer supprime les taches, le tampon de cire donne une belle couleur au bois et le chiffon doux le fait briller.

À ces travaux ménagers, s'ajoutent d'autres activités ouvertes sur le monde. La leçon de choses commence par l'observation, de préférence sur le terrain. En classe, des planches de botanique ou de zoologie, des puzzles anatomiques qui permettent d'assembler les muscles et les os du corps humain, des maquettes familiarisant avec les notions élémentaires de physique, donnent forme aux observations.

Les cahiers d'élèves, illustrés de dessins, puis de vignettes colorées à partir des années 1960, les journaux scolaires, les herbiers témoignent de cet apprentissage. Comme la leçon de choses, le dessin (et plus tard le modelage et les autres activités manuelles) et le chant apportent une bouffée d'air dans l'univers austère et abstrait de la grammaire et des chiffres. La musique est une épreuve du certificat d'étude à partir de 1920. Les enfants doivent connaître la *Marseillaise* (obligatoire à partir de 1910) et le *Chant des partisans,* ils apprennent également à chanter des comptines, à battre la mesure et s'exercent à la lecture des notes.

Quelle sottise a commise le malheureux coiffé du bonnet d'âne, au visage déformé par le chagrin ?

Croix d'honneur et bonnets d'âne

Les progrès des écoliers sont régulièrement évalués et font l'objet de notes et de classements, qui seront communiqués aux parents. Leur travail est aussi sanctionné à l'école même. Bons points et croix d'honneur récompensent les bons élèves ; cancres et chahuteurs sont punis. Les punitions corporelles sont interdites depuis 1835 ; certaines se sont toutefois maintenues : les maîtres ont longtemps manié la férule, le martinet et la règle en bois, si douloureuse sur les doigts, définitivement interdite en 1960. Ne sont permises que la mise au coin, la privation partielle ou totale de récréation, la retenue, le piquet, et, en dernier recours, l'exclusion provisoire et définitive. L'envoi chez le directeur est une menace redoutable, d'autant plus si elle est accompagnée d'un mot aux parents. Quant au bonnet d'âne, mentionné depuis l'Antiquité, il a fait couler beaucoup d'encre, mais il semble qu'il ait, en réalité, été peu utilisé. Lorsqu'un élève a particulièrement mal écrit, fait des trous dans son cahier en essayant de gommer des taches d'encre ou obtenu zéro à une leçon, certains maîtres l'envoient circuler dans les autres classes, son cahier ouvert sur la page incriminée fixé dans le dos. La survenue d'un tel mauvais élève suscite généralement de la moquerie de la part de ses camarades plutôt que de la compassion. Enfin, l'arrachage d'une page du cahier est particulièrement douloureux, il faut en outre recopier ce qui était écrit. Les punitions sont distribuées à ceux qui n'ont pas fait leur devoir et aux bavards. Elles consistent à faire des lignes, c'est-à-dire recopier plusieurs fois la même phrase, de manière à reconnaître sa faute (« je ne dois pas bavarder en classe »), la conjugaison d'un verbe ou le résumé d'histoire.

Pour récompenser les bons éléments, le maître distribue à discrétion des bons points. Au bout de dix, l'enfant reçoit en échange une grande image éducative qu'il peut conserver.

Ce groupe d'écoliers chante l'hymne de la paix lors de la journée mondiale de la paix en 1949.

Enfants de la patrie

L'école républicaine ne répond pas seulement à un besoin d'alphabétisation de la société française. La communale a aussi servi d'outil à la IIIe République pour transformer en profondeur les valeurs de la population et insuffler aux nouvelles générations l'esprit républicain.

Jusqu'à la fin du XIXe siècle, la morale est perçue comme inséparable de la religion. L'article 1er de la loi Guizot de 1833 met « l'instruction morale et religieuse » au cœur du programme de l'enseignement élémentaire. En 1881, Jules Ferry met toujours la morale au premier plan, mais il ne s'agit plus d'instruction « morale et religieuse », mais d'instruction « morale et civique ». Ce simple changement d'adjectif est le signe de l'ouverture d'une ère nouvelle.

Naissance de l'enseignement laïc

En 1880, les congrégations religieuses, fortes d'une tradition plus que millénaire, instruisent la moitié des Français en âge d'aller à l'école, dont la presque totalité des petites filles. Le rôle des innombrables ordres féminins est si important que la majorité des écoles normales de filles sont tenues par des enseignantes congréganistes. Et 70 % des institutrices publiques sont des religieuses ! L'instruction dispensée par les sœurs est souvent sommaire, dominée par le catéchisme, les cantiques et les travaux d'aiguille, mais ces femmes plus dévouées que savantes font, néanmoins, fortement progresser l'alphabétisation des filles. Il faut attendre la fin du siècle pour que cette tolérance disparaisse. La loi Goblet de 1886 confie exclusivement l'enseignement public à un personnel laïque, interdit toute nomination d'enseignant congréganiste dans les départements entretenant une école normale et exige le remplace-

L'instituteur expulse le Christ de l'école de la République. Cette carte postale violemment anticléricale témoigne de la gravité du conflit qui opposa, au début du XXe siècle, l'ensemble des catholiques français aux divers gouvernements républicains aux convictions laïques affirmées.

ment rapide des religieux en exercice dans les écoles publiques ; quant aux religieuses, aucun délai n'est fixé pour leur départ, faute d'institutrices laïques en nombre suffisant.

Ces mesures alimentent le courroux des milieux catholiques. Les lois de 1904, interdisant tout enseignement aux congréganistes, et de 1905, institutionnalisant la séparation des Églises et de l'État, achèvent de creuser entre tenants et adversaires de la laïcité un fossé qui restera le symbole de la IIIe République.

Sous un titre parfaitement explicite, « instruction laïque », cette carte postale témoigne de la violence antilaïque et antirépublicaine. Sous les yeux indifférents du maître occupé à lire le quotidien socialiste *L'Humanité*, un enfant d'ouvrier en blouse moleste un malheureux petit garçon élégamment vêtu, tandis qu'au tableau un galopin au sourire sarcastique vante l'anarchie.

Une probité irréprochable

Le passage de la morale chrétienne à la morale civique sera assuré par les instituteurs. Les écoles normales leur inculquent un républicanisme intransigeant teinté d'anticléricalisme. L'Église, de son côté, abhorre la République et tient maîtres et maîtresses d'école laïque pour des corrupteurs de la jeunesse.

Dans bien des villages, une lutte frontale oppose l'instituteur au curé ; elle est souvent gagnée par le curé dont l'influence demeure grande : la France est terre chrétienne. De son côté, le maître tente parfois d'imposer brutalement ses convictions, en oubliant que, statutairement, il est tenu à un strict respect des consciences. Il ne doit rien dire ni faire qui puisse froisser quiconque.

Cet ensemble urbain pourrait se trouver dans n'importe quel village français. La mairie, symbole de la démocratie, jouxte l'école, qui dispense l'instruction, face au monument aux morts qui exalte la mémoire des enfants du pays morts pour la patrie.

Pour gagner l'estime des écoliers et de leurs parents, il lui faut faire preuve d'une moralité irréprochable. Célibataire sans histoire, époux fidèle, père attentif, à la dignité de sa vie fait écho la correction de sa mise. Costume strict et robe austère, joues rasées (barbe et moustaches sont mal vues) et visage nu (le fard est, lui aussi, peu apprécié), cheveux courts et chignon strict, instituteurs et institutrices doivent être les preuves vivantes du bien fondé de la morale civique, celle qu'ils enseignent aux écoliers. Au fil du temps, les contraintes vestimentaires s'assoupliront, les coiffures prendront des libertés, sans que disparaisse l'exigence de décence et de sobriété.

L'amour de la patrie

L'école publique est républicaine et patriotique. Pour elle, république et patrie ne font qu'un, et la connaissance de la patrie est le fondement véritable de l'instruction civique. Cette connaissance est facilitée par l'essor de la cartographie scolaire qui permet une représentation physique du territoire national. Les programmes d'histoire donnent de celle de la France et de ses grands personnages une image idéalisée, mais frappante. L'accent est mis sur les grands hommes et leurs exploits. Vercingétorix est, face à César, un martyr de la résistance et le fondateur de la nation.

Cette carte de France où manque l'Alsace et la Lorraine date d'avant 1918.

En 1944, de retour de captivité, l'instituteur retrouve ses élèves.

Pendant la Première Guerre mondiale, le maître donne une leçon de géographie en montrant, sur la carte, l'emplacement des troupes alliées.

À la décoration militaire du père fait écho la croix d'honneur du fils ; les deux décorations manifestent le même attachement au devoir et le même amour de la patrie.

Saint Louis, qui rend la justice sous un chêne, est le meilleur des rois. La gloire de Louis XIV éclipse celle de tous les autres souverains. La révolution de 1789 a ouvert au monde entier les portes de la liberté. Les victoires napoléoniennes sont l'éclatant témoignage de la valeur de nos soldats. Les conquêtes coloniales font accéder à la civilisation les peuples les plus lointains, les plus primitifs. L'imagerie et la littérature enfantine offrent pour modèles aux petits Français des héros de leur âge. C'est ainsi que la tragique, mais banale, histoire d'un domes-

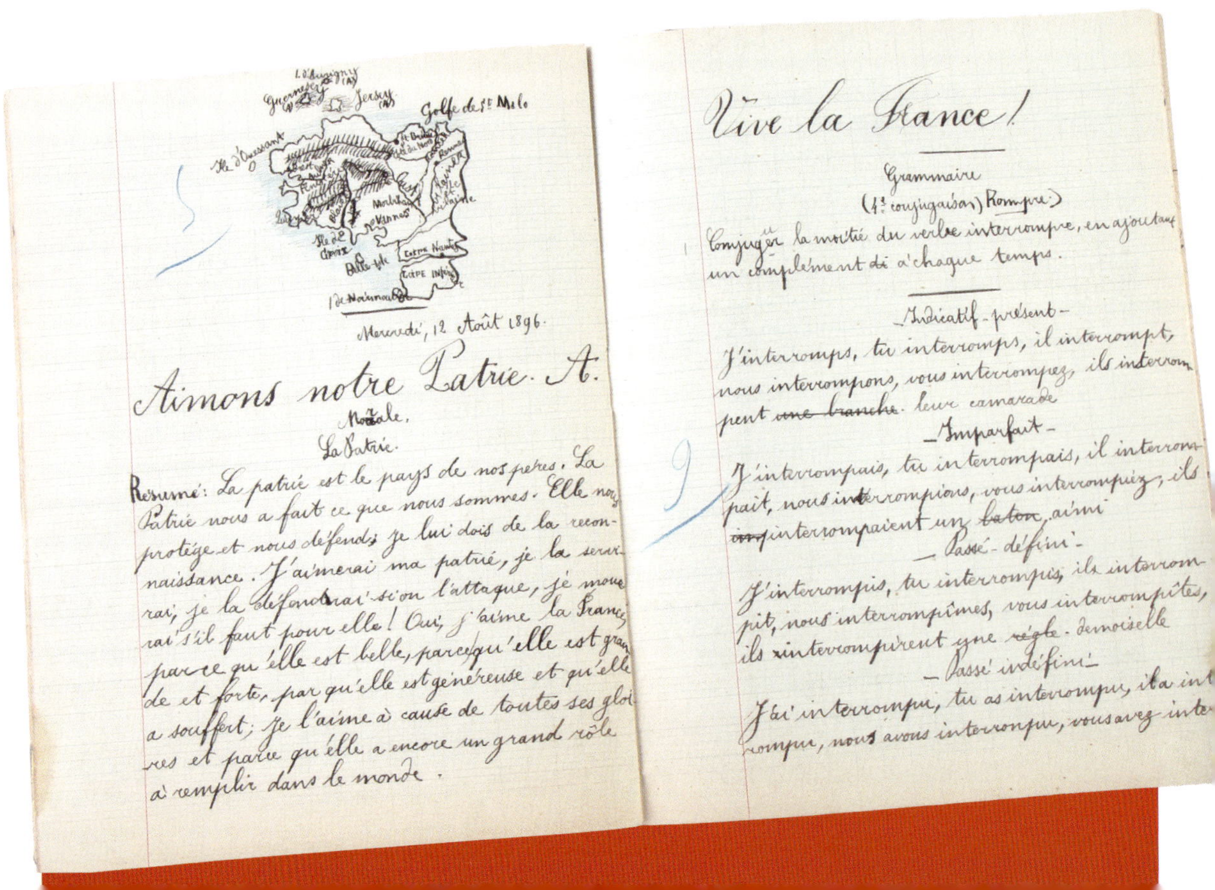
Golfe de St Malo
Jersey
Guernesey
Ile d'Ouessant
Rennes

Mercredi, 12 Août 1896.

Aimons notre Patrie. A.

Morale.

La Patrie.

Résumé : La patrie est le pays de nos pères. La Patrie nous a fait ce que nous sommes. Elle nous protège et nous défend ; je lui dois de la reconnaissance. J'aimerai ma patrie, je la servirai, je la défendrai si on l'attaque, je mourrai s'il faut pour elle ! Oui, j'aime la France parce qu'elle est belle, parce qu'elle est gran de et forte, parce qu'elle est généreuse et qu'elle a souffert ; je l'aime à cause de toutes ses gloires et parce qu'elle a encore un grand rôle à remplir dans le monde.

Vive la France !

Grammaire

(4e conjugaison) Rompre)

Conjuguer la moitié du verbe interrompre, en ajoutant un complément à chaque temps.

– Indicatif - présent –

J'interromps, tu interromps, il interrompt, nous interrompons, vous interrompez, ils interrompent ~~une branche~~ leur camarade

– Imparfait –

J'interrompais, tu interrompais, il interrompait, nous interrompions, vous interrompiez, ils interrompaient un ~~baton~~ ami

– Passé défini –

J'interrompis, tu interrompis, il interrompit, nous interrompîmes, vous interrompîtes, ils interrompirent une ~~règle~~ demoiselle

– Passé indéfini –

J'ai interrompu, tu as interrompu, il a interrompu, nous avons interrompu, vous avez inte

Morale républicaine affichée sur les murs de la classe.

tique de quatorze ans tué en 1793 par des voleurs de chevaux devient un mythe républicain qui a fait pleurer des générations d'écoliers. Menacée aux frontières par des armées étrangères, affaiblie à l'intérieur par des insurrections monarchistes, la Convention fait du jeune Joseph Bara un tambour à l'âme révolutionnaire qui meurt sous les balles ennemies en criant « Vive la République ! ».

Le souvenir de la défaite de 1871 est douloureux : sur bien des cartes de France, l'Alsace-Lorraine perdue figure en violet, couleur du deuil.

Le 3 août 1914, l'Allemagne déclare la guerre à la France. Le conflit durera plus de quatre ans. La nation entière y participe, sans distinction de religion ou d'orientation politique, c'est l'Union sacrée. Les querelles scolaires sont mises sous le boisseau, le même élan patriotique anime à la fois l'école libre et l'école publique. Les instituteurs sont mobilisés, près du quart d'entre eux mourront au combat, des jeunes femmes recrutées en hâte les remplacent. Les enfants dessinent des poilus, adoptent des soldats, contribuent à l'effort de guerre avec leurs économies et incitent leurs parents à en faire autant, reçoivent des bons points ornés de portraits de héros, compatissent, avec les albums de l'oncle Hansi, aux malheurs de l'Alsace annexée et bientôt reconquise.

L'emballage des plumes Sergent-Major, aux illustrations exaltant la gloire militaire des armées françaises, a beaucoup contribué à leur succès commercial.

Les années noires

Victorieuse en 1918, la France ne résiste pas, vingt ans plus tard, à l'assaut de l'Allemagne

En octobre 1941, le maréchal Pétain s'adresse par radio aux écoliers depuis l'école du village de Périgny, dans l'Allier.

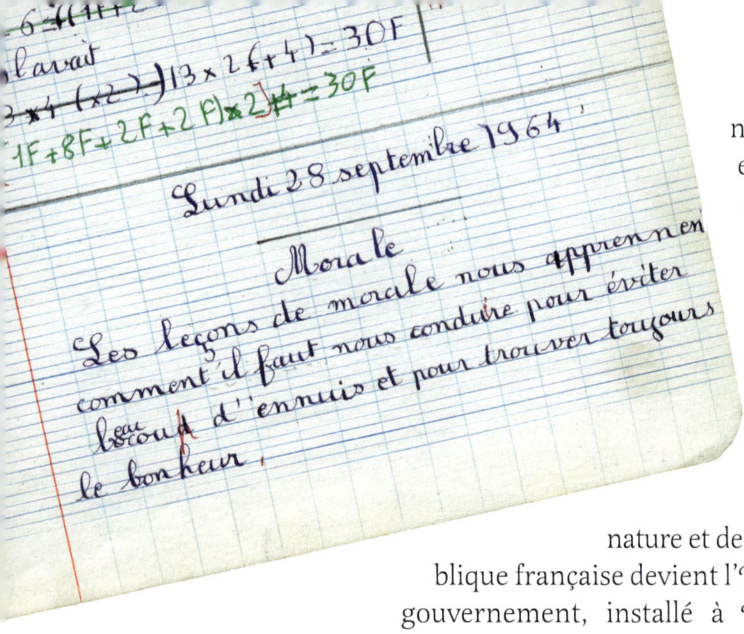
Lundi 28 septembre 1964

Morale

Les leçons de morale nous apprennent comment il faut nous conduire pour éviter beaucoup d'ennuis et pour trouver toujours le bonheur.

nazie. Vaincue en 1940, elle est occupée par les Allemands, partiellement d'abord, puis totalement à partir de 1942. Le régime change de nature et de nom. La République française devient l'État français, le gouvernement, installé à Vichy sous la direction du maréchal Pétain, collabore avec l'occupant. La devise « Travail, Famille, Patrie » remplace la devise républicaine « Liberté, Égalité, Fraternité » et la politique s'inspire à la fois des pratiques discriminatoires nazies et des thèses nationalistes de la droite maurrassienne.

Vichy exclut de la fonction publique, et donc de l'enseignement, les francs-maçons et les juifs, avant de faire porter l'étoile jaune à ces derniers et d'organiser leur déportation. Les congrégations religieuses retrouvent l'autorisation d'enseigner perdue en 1904, l'enseignement des devoirs envers Dieu est rétabli à l'école et le programme scolaire s'enrichit parfois de leçons de catéchisme. Le crucifix réapparaît dans certaines écoles. Les programmes d'histoire réécrivent l'histoire de France au profit d'une tradition paysanne et monarchiste. Jeanne d'Arc, qui offre le double avantage d'être une sainte et d'avoir « bouté les Anglais hors de France », est érigée en modèle, rejointe au panthéon national par Charles Péguy, chantre de la terre éternelle, mort pour la France en 1914 ; le régime en fait une sorte de poète officiel.

Le maréchal Pétain est l'objet d'un véritable culte de la personnalité, son portrait figure dans toutes les salles de classe, la journée commence par l'entraînant « Maréchal, nous voilà », les écoliers lui écrivent et lui envoient des dessins. Tirée à des millions d'exemplaires, sa réponse, fac-similé d'une lettre manuscrite, commence par : « Mon enfant, votre dessin m'a plu... ». Il y a là de quoi combler de fierté un cœur de moins de douze ans.

Considérés comme responsables de la défaite à cause de leur « mauvais esprit » laïc et républicain, les instituteurs sont voués aux gémonies. Ceux dont le passé communiste ou socialiste est connu, ceux qu'on tient pour gaullistes, sont dénoncés. Certains sont déplacés ou révoqués. Le gouvernement bouleverse le système de formation des maîtres en fermant les écoles normales. Les pouvoirs publics imposent des programmes différents pour la ville et pour la campagne, pour les garçons et pour les filles. Pour ces dernières, l'enseignement ménager, rendu obligatoire, est sanctionné par un certificat.

Sur cette carte de l'Afrique, le rouge éclatant des colonies françaises fait apparaître aux yeux de tous la puissance de la France.

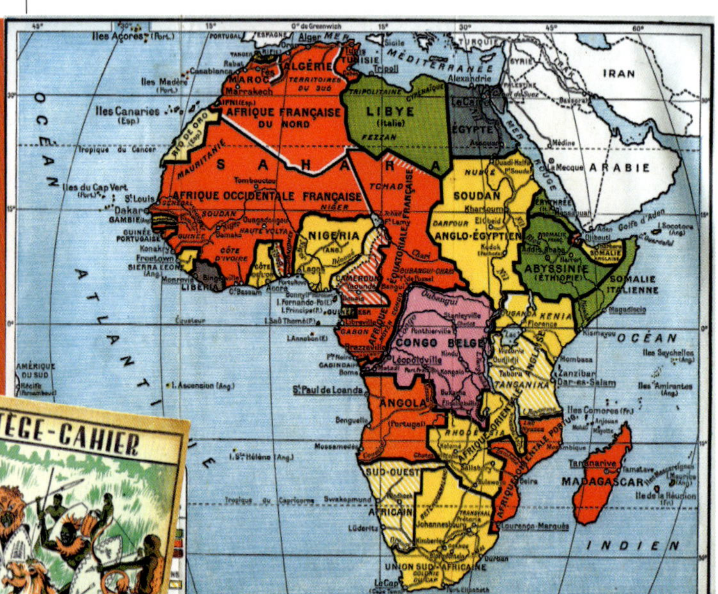

Le retour à la normale

Après 1945, la législation en vigueur pendant les années d'occupation est rapidement oubliée, la morale républicaine reprend ses droits. Elle a pour fondements l'amour du travail, la rectitude du comportement et le respect d'autrui. Le bon élève aime « le bel ouvrage », il ne bâcle pas ses devoirs, apprend ses leçons et participe aux activités de la classe. C'est ainsi qu'il acquiert des connaissances utiles pour sa future profession. La paresse n'est pas seulement un défaut, elle obère l'avenir, rend tout projet incertain et provoque des conduites déviantes : « l'oisiveté est la mère de tous les vices ».

Les succès du bon élève ne doivent être dus qu'à lui-même. Il est malhonnête de tricher, de se faire souffler les réponses aux interrogations, de copier sur son voisin ou d'utiliser des antisèches. Difficilement pardonnables, ces fautes sont réprimées plus sévèrement que les négligences et la paresse : en effet, elles rompent le lien social, elles sapent la confiance qui unit le maître et ses élèves, et les écoliers entre eux.

Les cours d'instruction civique mettent l'accent sur l'amour de la patrie et les vertus de la démocratie. Le citoyen a des droits, et des devoirs, l'un ne va pas sans l'autre. « Liberté » ne signifie pas « licence », « égalité » n'est pas « uniformité », et la « fraternité » lie tous les hommes, quels que soient leur origine, leur religion ou leur statut social.

Sur ce protège-cahier, un robuste maçon au bleu de travail immaculé incite l'écolier studieux à rejoindre les rangs des bâtisseurs. À partir de 1945, la reconstruction de la France, ruinée par la guerre et l'occupation, mobilise la nation tout entière.

Dernier pilier de la morale laïque, le respect d'autrui tient une grande place dans l'éducation républicaine. On salue la personne qui ouvre les portes de l'école, on regarde le maître quand il vous parle, on se lève quand le directeur entre dans la classe, on parle poliment au personnel de service. De plus, le respect n'est pas seulement dû aux adultes, il concerne aussi bien les autres enfants. Il ne faut donc pas injurier ses camarades (les gros mots sont réprimandés), pas plus que les battre ou les humilier.

Si ces préceptes d'une haute exigence morale n'ont pas toujours été respectés, des générations d'écoliers ont entendu la leçon. La plupart ne l'ont pas oubliée.

À part la petite fille aux longs cheveux sages, ces enfants, qui déjeunent à la cantine, semblent plus intéressés par le photographe que par l'affiche supposée leur rappeler les valeurs libératrices de la révolution de 1789.

Attentif, le maître surveille la récréation. Au premier plan, les garçons se poursuivent, au fond, les filles font la ronde.

L'heure de la récré

Moment de liberté rythmant les apprentissages, la récréation appartient aux enfants. Chacun de leur côté, garçons et filles construisent leur petit monde fait de jeux, d'histoires, de rires, de cris, de bagarres et de rêverie enfantines.

Quand donc retentira le signal annonçant la fin de cette heure interminable ? Le temps se traîne. Soudain, tout le monde se lève, se rue vers la porte, se bouscule dans les couloirs et les escaliers ; l'heure de la récréation vient de sonner.

Quel plaisir de rire, de jouer, de blaguer, de travailler avec les copains. Insouciants et gais, ces écoliers irradient du bonheur d'être ensemble.

Une pause bienvenue

Les écoliers d'aujourd'hui ne peuvent pas imaginer un jour de classe sans récréation. Il s'agit, pourtant, d'une habitude relativement récente, vieille de moins de deux cents ans. La récréation telle que nous la connaissons s'est généralisée avec la diffusion de la méthode d'enseignement simultané utilisée par le maître lorsqu'il s'adresse à toute une classe.

À l'école primaire, la récréation a pris forme officiellement en 1866 : une circulaire de Victor Duruy, ministre de l'Instruction publique, ordonne d'interrompre la classe le matin et l'après midi pendant un quart d'heure, pour lutter « contre l'immo-

Temps de défoulement, d'intense activité physique, de jeux parfois brutaux, la récréation est aussi le moment où s'organise une partie d'osselets.

bilité du corps et la fatigue d'esprit imposées pendant trois heures consécutives ». Les cours, en effet, duraient alors trois heures le matin et trois heures l'après-midi, avec une pause d'environ deux heures pour le déjeuner. Ces horaires sont restés inchangés.

Cours et préaux

L'école est un monde clos. Même pendant la récréation, les élèves doivent rester « entre les murs » ; pas question de courir les rues ou les chemins. Dès que la cloche retentit et que le maître donne son autorisation, les écoliers se précipitent dans la cour, s'il fait beau, sous le préau ou dans une grande salle, s'il pleut.

Aux voix aiguës des petits font écho les voix plus graves des adultes qui surveillent les jeux, le son mat des ballons heurtant les murs, le crépitement des galopades, le claquement sourd des cordes à sauter, le vrombissement des toupies.

Malgré la mixité de certaines écoles, les enfants reproduisent dans leurs jeux l'habituelle séparation des sexes. Les garçons jouent aux barres, à saute-mouton, aux gendarmes et aux voleurs, au béret, au ballon prisonnier. Ils organisent des parties de foot, auxquelles l'enseignant participe parfois, s'il est assez jeune ou assez proche de ses élèves pour y prendre plaisir. Il lui arrive même d'autoriser, en veillant au grain, des pratiques hasardeuses, par exemple, à l'automne, faire brûler des feuilles de platane entassées dans la cour en focalisant les rayons du soleil à l'aide de petites loupes.

Objets magiques, sources de convoitise, les billes roulent sur la terre battue ou le ciment, agates en verre et boulards en fonte heurtent les simples billes de couleur. Toutes différentes, plus ou moins lourdes, plus ou moins grosses, belles ou irisées, elles donnent lieu à un commerce en principe illicite, pas toujours très honnête, mais très répandu. Le jeu consiste à lancer une bille avec le pouce ou l'index sur celle d'un autre joueur et de s'en emparer. Les osselets, qui faisaient déjà la joie des enfants mésopotamiens il y a cinq mille ans, n'ont pas perdu leur attrait. Ce sont d'abord d'authentiques os, carpes des pattes du mouton, avant d'être produits en métal puis en plastique.

Un temps, la confection de scoubidous a

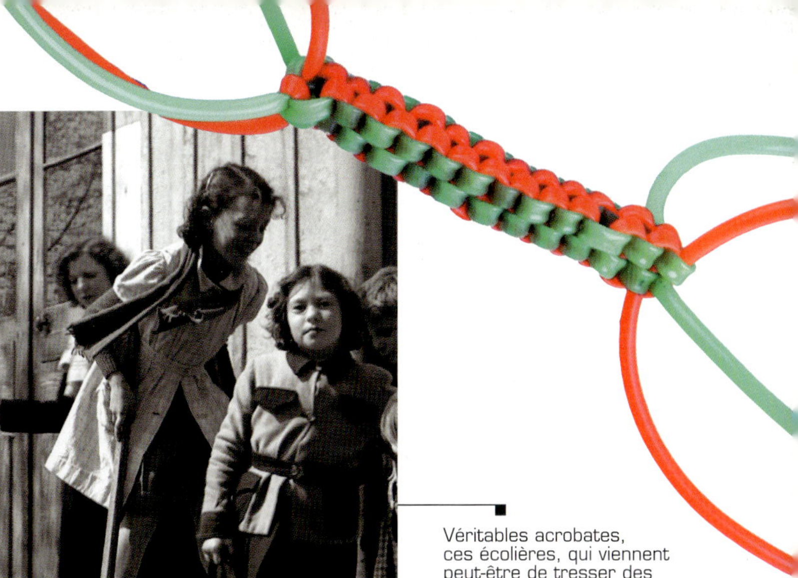

Véritables acrobates, ces écolières, qui viennent peut-être de tresser des scoubidous, gambadent sur leurs échasses avec la virtuosité de bergers landais.

mobilisé les énergies, portée par la vogue d'une chanson de Sacha Distel. Cette grosse tresse multicolore suscite dans les cours d'école, et ailleurs, une vraie passion : c'est à qui fabriquera la plus épaisse, la plus multicolore, la plus longue, voire la plus originale. Après, ces grigris ornent des trousseaux de clés, des boucles de ceinture ou des bracelets-montre. L'apprentissage se fait en regardant les autres, généralement les plus grands.

Les filles, quant à elles, préfèrent la marelle, dont le tracé se fait à la craie sur le sol, les jeux de corde aux mille variantes, le cerceau, ou ces balles légères et molles, faites de matériau de récupération et couvertes d'une enveloppe au tricot ou au crochet d'une fantaisie débridée. Au jeu de colin-maillard, il faut prêter son foulard pour couvrir les yeux de la volontaire. « Tu veux jouer à la ronde ? », une fois les partenaires réunies en nombre suffisant, on peut jouer à la chandelle ou au fromage est battu. C'est l'occasion de chanter à tue-tête et d'entraîner la ronde le plus vite possible ; si l'une lâche la main, ça devient une farandole qui sillonne la cour à toute allure accompagnée de grands cris. Grâce aux marronniers plantés dans la cour, on peut jouer aux quatre coins ou à cache-cache. Jeux plus calmes et plein d'habileté, les filogrammes consistent à croiser un fil entre les doigts.

La corde à sauter est, en général, plutôt appréciée par les filles ; les garçons préfèrent d'autres jeux ; ici, ils jouent à la chandelle.

« Tu me tiens la porte ? » Impossible d'aller aux toilettes sans un copain pour faire le guet, car la porte n'a pas de serrure ! Et pour attester que ce fidèle compagnon ne s'éloigne pas, attiré par un jeu, il doit glisser son pied sous la porte.

Échanges et trafics

Le troc va bon train. On échange des bons points contre des autocollants publicitaires. On fait collection de vignettes de footballeurs ou de coureurs cyclistes, opportunément offertes aux convoitises enfantines par d'astucieux éditeurs. Cotées comme des toiles de maîtres, selon un barème qui échappe aux adultes, elles obéissent à la loi de l'offre et de la demande dans un marché aussi animé que la Corbeille de la Bourse. Ce trafic est plutôt innocent, il ne fait pas appel à l'argent, sinon très marginalement. Il arrive que d'autres échanges soient plus répréhensibles. Les petits sont parfois victimes des plus grands, des plus forts, des plus hardis. C'est là qu'intervient la vigilance du maître qui, sans s'immiscer dans ce qui est pour les enfants un inappréciable espace de liberté, veille à ce que rien n'entame l'intégrité physique de quiconque, sape la confiance en soi de qui que ce soit, autorise un quelconque harcèlement.

Il lui faut aussi déjouer les ruses des as de l'évasion, des champions de l'école buissonnière. Tous les geôliers savent qu'aucun mur, aucune clôture n'empêche un prisonnier intelligent et déterminé de se faire la belle. Les directeurs d'école, les enseignants ne sont pas des geôliers, les écoliers ne sont pas prisonniers. Mais ils sont supposés rester

Faire convenablement tournoyer et vrombir une toupie est un art ; le maîtriser exige une longue pratique.

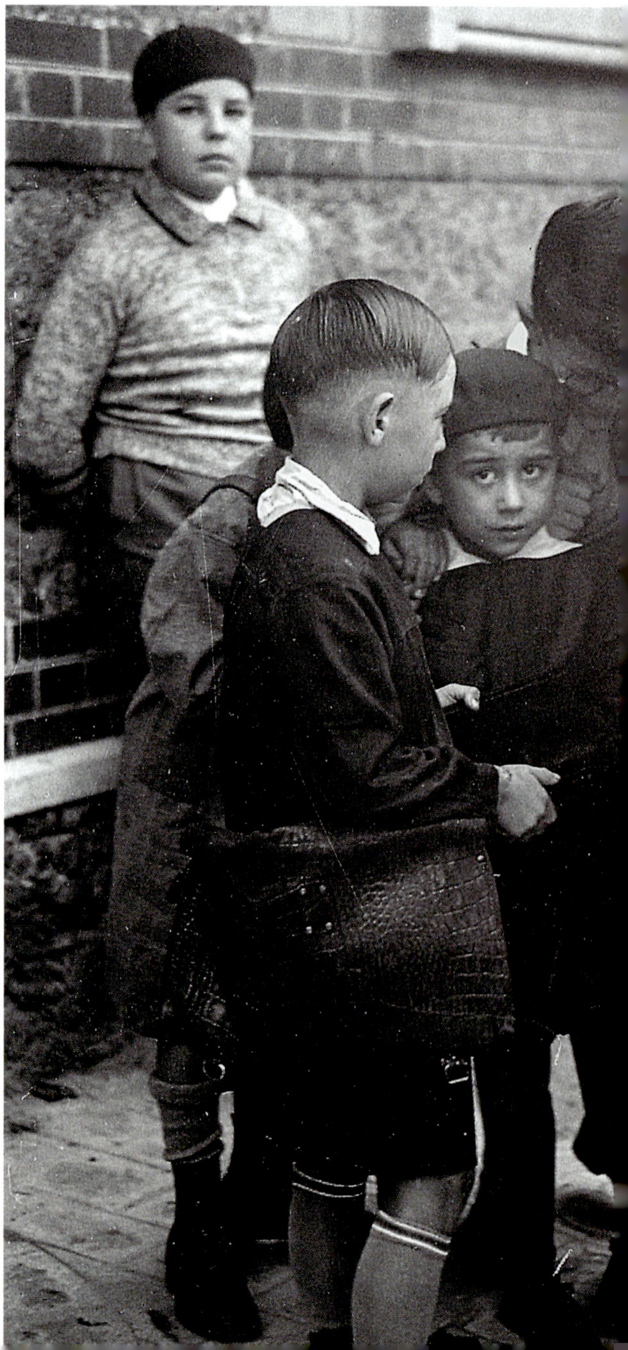

dans un lieu fermé pendant un laps de temps déterminé.
Et certains ne s'y font pas. En ville, ils font le mur. Ou bien ils négligent un beau jour d'aller en classe, ou d'y retourner après déjeuner s'ils ne prennent pas leur repas à la cantine. Il est rare que ces subites absences se produisent pendant les récréations.

Autour de la table, à la cantine, les bavardages animent le repas dont un adulte surveille le bon déroulement.

« Promis ! Tu le dis à personne. » Dans un coin de la cour, ces écoliers se disent des secrets.

La cantine

Autre grand moment de récréation : l'heure du déjeuner pour ceux qui ne rentrent pas chez eux. Après un repas avalé en à peine un quart d'heure, les enfants s'ébattent dans la cour pendant 1 h 30. À l'origine, des cantines ont été organisées dans les écoles pour offrir aux élèves les moins fortunés des repas équilibrés. Avant la généralisation d'un service de repas, les enfants qui habitaient loin ou dont les parents travaillaient apportaient leur gamelle, qu'ils pouvaient faire chauffer sur le poêle. Parfois, le maître déjeunait, lui aussi, sur place. Ce moment convivial est très vite devenu un symbole intemporel, une source inépuisable de souvenirs pour des générations entières d'écoliers.
Que ce soit les verres en Pyrex avec, au fond, le petit chiffre indiquant l'âge de son propriétaire, le poisson du vendredi ou les bousculades, tout un chacun se souvient encore de cette première expérience de vie en collectivité. Il faut manger proprement, sans hurler, sans se battre avec ses voisins, sans renverser son verre. Si le sempiternel « mange ce que tu as dans ton assiette » n'est plus de saison, enseignants et personnel de service s'efforcent d'obtenir que les jeunes convives goûtent ce qu'ils ont dans leur assiette, sans les forcer à finir.

Le lavage des mains est obligatoire après la récréation et avant le repas.

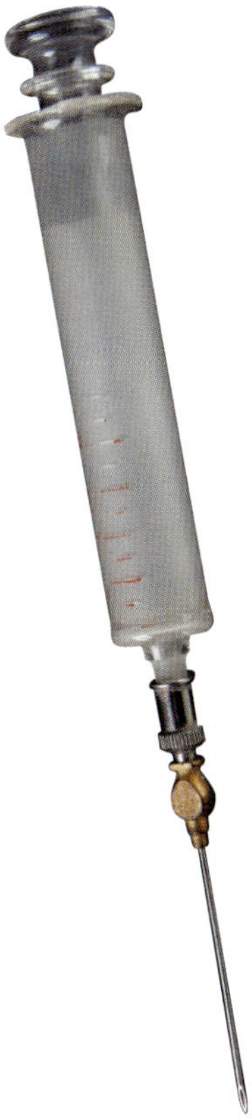

Esprit sain, corps sain

Pour les législateurs de la Belle Époque, l'instruction de l'esprit ne se conçoit pas sans l'épanouissement du corps. Une éducation réussie forme des têtes bien pleines qui animeront des corps bien faits.

Au tournant du XXe siècle, la situation sanitaire en France n'est pas des plus réjouissantes. Dès la création de l'école communale, en 1833, les législateurs avaient décidé de familiariser les jeunes générations avec les règles élémentaires de l'hygiène, persuadés que la formation intellectuelle était indissociable de la santé physique.

Dans cette école de 1900, un médecin procède à la vaccination des écolières, sous le regard attentif des enfants.

Une situation préoccupante

À la Belle Époque, dans les faubourgs urbains et surtout à la campagne, la population souffre de maladies infectieuses et de maladies de carence, qui compromettent la santé publique. La tuberculose, alors appelée « phtisie », fait des ravages, tout comme l'alcoolisme. Les taudis des villes abritent des familles entassées dans des conditions sanitaires déplorables, sans eau courante, souvent sans chauffage et, parfois, privées d'air et de la lumière du jour. Plus grands, plus clairs, mieux chauffés, les appartements des beaux quartiers ne sont pas mieux lotis en installations sanitaires. Au village, il est fréquent que bêtes et gens cohabitent dans un espace exigu, les humains profitant, en hiver, de la chaleur de l'étable. Difficiles à pratiquer, les ablutions quotidiennes ne sont pas perçues comme nécessaires. En outre, lorsqu'on fait sa toilette, on ne la fait pas complètement : la pudeur interdit tout contact avec certaines parties du corps. Les pouvoirs publics sont

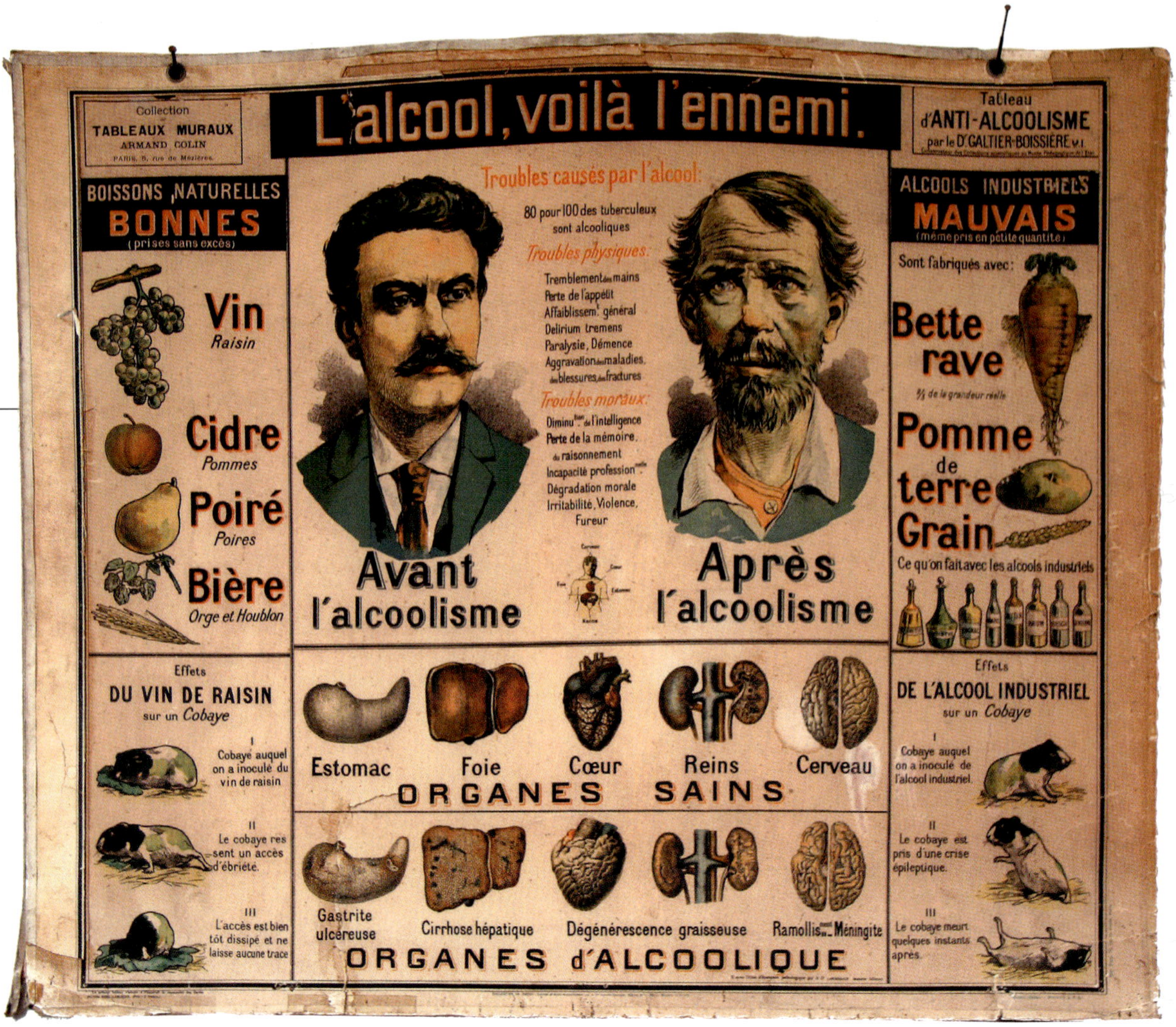

Véritable fléau national, l'alcoolisme fait l'objet de campagnes de prévention dans les écoles primaires.

bien conscients que l'amélioration de la santé des Français doit passer par une évolution des mentalités. Ils font donc confiance à l'école, fréquentée, à partir du début du XXe siècle, par la quasi-totalité des enfants de six à quatorze ans, pour faire connaître, puis faire respecter, les règles d'hygiène. C'est la tâche de l'instituteur et elle n'est pas simple. Il lui faut tenir compte de la psychologie de nombre de ses élèves et de leurs parents, pour qui la mise à nu du corps, serait-ce pour en assurer la propreté, est inenvisageable. Les gouvernants obéissent d'abord à des impératifs de santé publique ; ils subissent, en outre, l'influence des thèses hygiénistes qui assimilent la netteté du corps à celle de l'esprit : à un esprit sain correspond un corps sain. Des raisons plus politiques inspirent également leur démarche : l'armée, dont on espère qu'elle prendra une revanche sur l'Allemagne en reconquérant l'Alsace-Lorraine annexée en 1871, a besoin de robustes jeunes recrues. Un embryon de médecine scolaire se met en place vers 1900. Aujourd'hui, elle est partout pratiquée, sans que soient invoquées des raisons militaires, c'est, simplement, un bienfait de la Sécurité sociale.

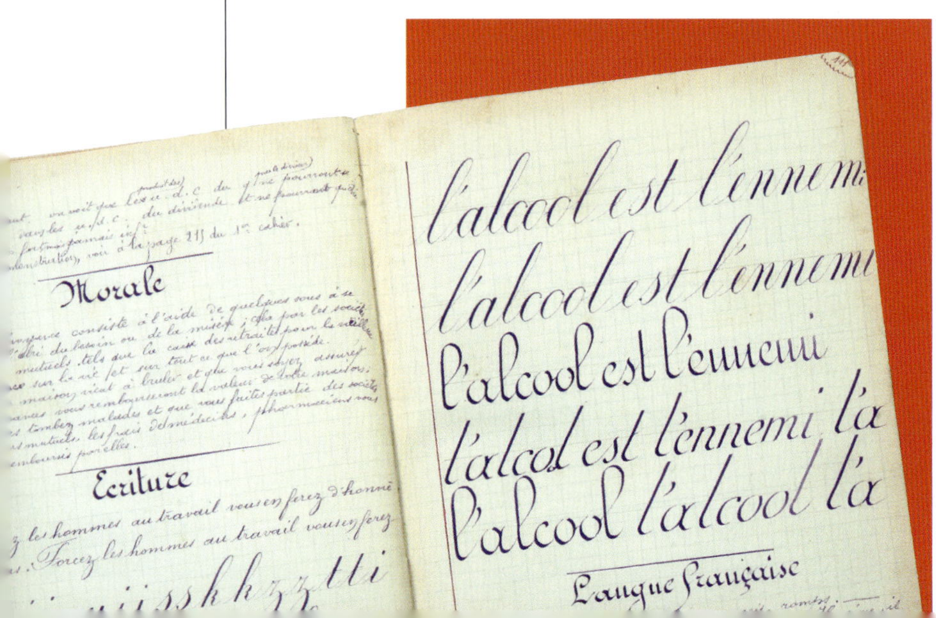

Les pages d'écriture sont l'occasion de recopier certains principes moraux.

La promotion de l'hygiène

La sensibilisation à la santé et aux questions sanitaires passe par un enseignement théorique et pratique de l'hygiène. Ce respect de l'hygiène est obligatoire, et gare à l'élève qui se présente à l'école sans avoir fait sa toilette.

Dès le début du xxe siècle, l'enseignant doit apprendre à ses élèves les notions élémentaires de l'hygiène. Dans la France rurale, le soin du corps est perçu comme une atteinte à la pudeur.

L'ire de l'instituteur s'abat de la même manière sur le cancre ou la souillon. À l'arrivée en classe, le maître vérifie la propreté des mains (dessus et dessous), des ongles et du visage des écoliers. L'administration scolaire lance un vaste plan d'équipement des écoles, rendant obligatoire la présence d'au moins un lavabo. Dans certains villages, une douche se trouve au fond de la cour de récréation, permettant aux élèves qui n'en ont pas de pouvoir se laver sur place. Dans certaines écoles urbaines, dès les années 1900, des classes entières sont conduites aux bains-douches municipaux qui offrent à tous la possibilité d'utiliser des installations sanitaires confortables. À cette occasion, on dispense aux enfants des conseils d'hygiène, dont on espère qu'ils tireront profit. Ces conseils sont relayés par l'enseignement. Les travaux de Pasteur ont abouti à la découverte des bactéries (on disait « microbes ») et de leur rôle dans certaines maladies. Ces microbes figurent, agrandis, sur des panneaux de carton aux couleurs violentes qui servent de support aux leçons de biologie. Il s'agit, à la fois, d'instruire les écoliers et de leur inspirer le dégoût de la saleté. On tente aussi de leur faire modifier leurs habitudes de vie. À la ville ou à la campagne, le logis est tout à la fois un lieu de vie et de travail, on mange, travaille et dort dans une même pièce, commune à toute la famille. Les vêtements, le linge, les outils, la nourriture, les livres et les cahiers voisinent dans un espace exigu dont la propreté est difficile à assurer. Le contact avec des objets souillés, la consommation de

Dans les années 1940, nombreux sont les logements ne disposant pas de lavabos ou d'eau courante. L'école prend alors en charge la toilette des enfants.

Durant la Seconde Guerre mondiale, le Secours national organise des distributions de biscuits vitaminés dans les écoles.

nourriture plus ou moins bien conservée au frais, sont propices à la propagation de maladies infectieuses. Le maître habitue ses élèves à attribuer à chaque activité un lieu et des objets déterminés : à l'école, on travaille dans la salle de classe, on joue dans la cour, on mange à la cantine. Aujourd'hui, l'hygiène est entrée dans les mœurs, mais il est toujours obligatoire de se laver les mains avant le déjeuner et après la récréation, comme au siècle précédent.

En 1955, à l'occasion d'un concours, le ministère de l'Éducation nationale récompense les écoliers des écoles primaires pour leur propreté.

La portée morale

L'argument sanitaire, trop nouveau, n'est pas suffisant pour entraîner l'approbation de la population pour ces étranges pratiques venues de la ville, qui tranchent avec les traditions d'antan. L'instituteur doit faire preuve de persuasion pour convaincre les parents d'élèves que s'occuper de son corps n'est pas signe de licence mais de respect de soi et des autres. Les leçons de morales font des individus malpropres de mauvais citoyens et donnent de la propreté une image vertueuse et séduisante. Progressivement, la saleté est assimilée au vice. Un homme sale devient un homme mauvais, et la « bonne crasse » vantée au XIXe siècle tombe en désuétude.

L'école réussit peu à peu à convaincre la population que ne pas respecter son corps, ne pas s'assurer de sa bonne santé est une trahison envers la patrie. En liant le patriotisme à l'entretien du corps, on fait de l'hygiène une exigence acceptée par tous. Le corps humain n'est pas l'unique objet de l'attention des enseignants. On exige que les enfants prennent soin de leurs vêtements et des objets qu'ils utilisent : les livres de classe

Les classes de neige, introduites à partir des années 1950, sont l'occasion pour certains enfants de quitter la ville.

et les tableaux illustrés à usage pédagogique répètent à l'envie que « le bon ouvrier se reconnaît à ses bons outils ». Le matériel scolaire, collectif comme les pupitres et le tableau, ou individuel comme l'ardoise et les plumes, doit être entretenu et maintenu en bon état le plus longtemps possible.

À partir des années 1960, ces préceptes d'économie tombent en désuétude, la société de consommation habitue tout un chacun à considérer comme périssables les objets d'usage courant, on est soigneux par goût du bien-être, et non plus par amour de la patrie.

La médecine scolaire

Le volet hygiéniste de l'instruction publique est du ressort de l'instituteur ; à lui de s'assurer de la propreté des locaux et de leurs occupants. Comme il n'est pas médecin, il ne soigne pas, mais il assume un rôle essentiel dans le domaine de la prévention. L'alcool est la cible privilégiée de ses mises en garde, assorties de leçons de morale. Il est dénoncé dans des planches anatomiques où figurent les différents organes du corps d'un alcoolique, présentés de façon particulièrement horrifiante. Ces Illustrations ont pour but de choquer les enfants de manière à les tenir éloignés de la boisson. Notons au passage que l'on distingue, alors, les bons alcools, tels le vin ou la bière, des mauvais, comme les liqueurs, en particulier l'absinthe, qui fait des ravages dans la population. Le tabac sera dénoncé à son tour, lorsque la science aura mis en lumière ses effets néfastes sur l'organisme. Le souci de la santé des enfants ne se limite pas à

Les publicitaires font peu cas des campagnes contre l'alcoolisme à l'école et captent l'attention des jeunes générations en utilisant les buvards et les protège-cahiers comme support pour promouvoir des boissons alcoolisées.

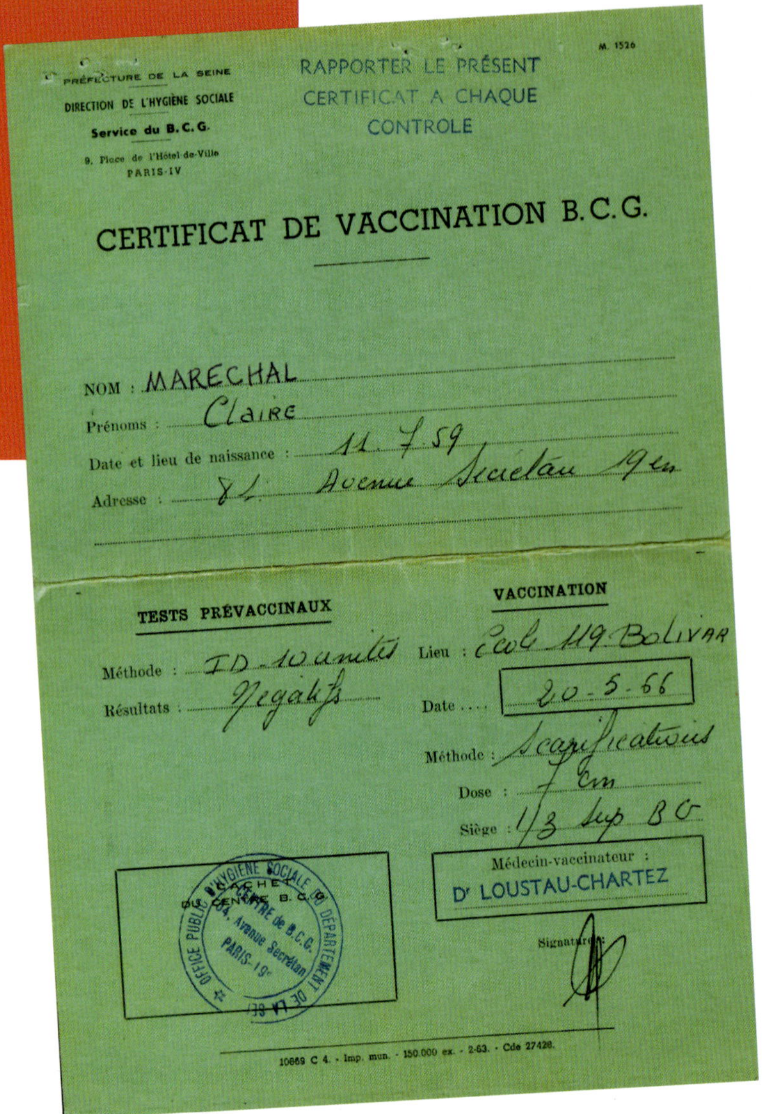
PRÉFECTURE DE LA SEINE
DIRECTION DE L'HYGIÈNE SOCIALE
Service du B.C.G.
9, Place de l'Hôtel-de-Ville
PARIS-IV

RAPPORTER LE PRÉSENT CERTIFICAT A CHAQUE CONTROLE

M. 1526

CERTIFICAT DE VACCINATION B.C.G.

NOM : MARECHAL
Prénoms : Claire
Date et lieu de naissance : 11. 7. 59
Adresse : 8 . Avenue Secrétan 19e

TESTS PRÉVACCINAUX
Méthode : ID 10 unités
Résultats : Negatifs

VACCINATION
Lieu : Ecole 119 Bolivar
Date 20-5-66
Méthode : Scarification
Dose : 7 cm
Siège : 1/3 sup BG

Médecin-vaccinateur :
Dr LOUSTAU-CHARTEZ

Signature :

OFFICE PUBLIC D'HYGIÈNE SOCIALE DU DÉPARTEMENT DE LA SEINE
CACHET DU CENTRE B.C.G.
Centre de B.C.G.
Avenue Secrétan
PARIS-19e

10669 C 4. - Imp. mun. - 150.000 ex. - 2-63. - Cde 27428.

Le BCG (pour bacille de Calmette et Guérin), la vaccination contre la tuberculose, est rendu obligatoire en 1949.

l'hygiène et à la médecine. Entre 1941 et 1945, pour compenser les déficits alimentaires liés au rationnement, l'administration a organisé des distributions de biscuits vitaminés dans les écoles. Il fallait parfois parcourir plusieurs kilomètres à pied pour aller chercher les biscuits. Plus tard, après 1950, les biscuits ont fait place au lait, destiné à combler les carences en calcium alors fréquentes. À partir des années 1920, ce sont des praticiens diplômés qui se déplacent d'école en école pour effectuer un bilan de santé. La fréquentation scolaire étant obligatoire, l'école regroupe l'ensemble des jeunes générations. Les études statistiques en sont facilitées. Chaque écolier est mesuré, pesé, et ces renseignements permettent aux autorités d'affiner leur connaissance de la population. Grâce au regroupement des enfants, on lance des campagnes de vaccination (contre la variole, la tuberculose, la polio et la diphtérie) et de dépistage.

La médecine scolaire se professionnalise, des infirmières spécialisées sont recrutées et, aujourd'hui, l'organisation est capable d'encadrer les masses grandissantes d'enfants scolarisés. La lutte contre les poux est une constante. Au fil du temps, les méthodes d'éradication ont changé, les lotions pharmaceutiques, comme la Marie-Rose, « la mort parfumée des poux », ont remplacé les frictions au vinaigre. Le parasite s'attaque à toutes les têtes, mais la vigilance des enseignants s'exerce souvent plus attentivement (parfois sans délicatesse) sur ceux de leurs élèves qui ne disposent pas chez eux d'installations sanitaires modernes.

Le sport consiste en quelques exercices d'étirement exécutés en plein air.

Gymnastique et sport

Les pouvoirs publics ne se contentent pas de veiller sur la santé des enfants par l'intermédiaire de l'hygiène et de la médecine, ils donnent une place de plus en plus importante au sport. Ce qu'on appelle aujourd'hui « éducation physique et sportive » figure au programme depuis 1869. Il a fallu du temps pour que ces pratiques se généralisent. L'impératif premier du sport scolaire est de réconcilier l'homme et son corps, et de développer les capacités physiques de chacun pour en faire de bons ouvriers et de bons soldats. À la Belle Époque, la mode est à la gymnastique, qui se veut une science raisonnée des mouvements du corps. Le gymnaste devient une figure respectée, capable de tirer le meilleur parti de ses muscles, de ses articulations, de l'ensemble de son organisme, pour le bien de tous. Le but de l'exercice physique est sanitaire et patriotique, et non pas ludique. La gymnastique est alors pratiquée avec les mêmes vêtements qu'en classe et encadrée par le maître, qui dirige les exercices. Les grandes villes, comme Paris, emploient dans les écoles primaires des professeurs d'éducation physique diplômés. Partout ailleurs, les activités dépendent des possibilités offertes par les locaux, le contexte géographique et l'aptitude du maître. La pratique sportive est mixte dans les écoles publiques, même si bien des familles jugent cette mixité indécente ; il est assez fréquent que les parents en fassent dispenser leurs filles, alors que c'est rarement le cas pour les garçons. Après la Seconde Guerre mondiale, la pratique sportive se généralise à l'école, avec l'apparition des équipes et de la compétition. Disparaissent des cours de récréation la succession de mouvements d'étirement, au profit d'activités régies par des règles précises : le sport scolaire est né. La tenue de sport (short, maillot et tennis) est apportée par les enfants, qui doivent se changer à l'école. On ne saurait être aperçu dans la rue et encore moins dans l'école habillé comme dans un gymnase. Il faudra attendre les années 1980 pour que la mode banalise le vêtement de sport. Apprentissage de l'effort, du jeu en équipe, du respect des règles et de la joie de la compétition, le sport scolaire a permis à des milliers d'enfants de s'ouvrir sur le monde, l'exercice sportif étant bien souvent l'occasion pour les citadins de découvrir la nature.

En 1936, sous le regard de Léon Blum, ces jeunes écoliers font des pompes. Ils n'ont pas quitté leur vêtement, ni même leur béret, pour cette leçon de sport.

Dans les années 1950, la tenue de sport se généralise également pour les filles. En même temps, la discipline s'ouvre aux jeux d'équipe réglementés.

Lourds cartables, veste « de jeune homme », béret crânement incliné, ce sont des « grands » qui, en 1941, à la sortie de l'école de la rue du Mont-Cenis, dévalent l'escalier en bavardant.

Après l'école

Travail jugé indispensable, les devoirs hantent la vie des écoliers libérés de la salle de classe. L'école s'invite également à la maison, entre les enfants et leurs parents, lorsque le carnet de notes est à faire signer.

La journée se termine de bonne heure afin d'offrir à l'écolier un temps de détente, de repos intellectuel, nécessaire à son équilibre. Mais les leçons et la récitation à apprendre, la carte à compléter et les opérations ou le problème à résoudre occupent une partie de ce temps précieux.

As-tu fait tes devoirs ?

À la sortie de l'école, l'enfant n'a qu'une hâte : jouer, courir, raconter des histoires avec ses camarades, explorer les environs... bref, oublier la classe et les leçons. Le maître lui a pourtant fait noter dans le cahier le travail à rendre pour le lendemain. Les plus petits sont fiers d'avoir des devoirs comme les grands, tandis que les aînés les considèrent comme une véritable contrainte, une obligation, un prolongement de l'école à la maison. Ils ne mobilisent pourtant pas beaucoup de temps, mais à force d'être remis à plus tard, ils occupent toute la soirée.

Les devoirs à la maison sont, en théorie, interdits en France depuis 1956. Il n'empêche qu'ils ont été pendant près d'un siècle le

Ce joyeux écolier brandissant fièrement son carnet doit avoir d'excellentes notes à montrer à ses parents qui sauront le féliciter et le récompenser.

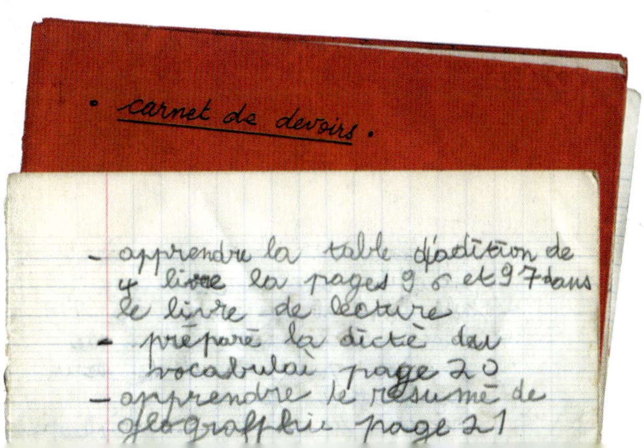

Si les escaliers de la butte Montmartre sont durs aux miséreux, leurs rampes font la joie des écoliers qui les chevauchent, comme ici, en 1943.

lot quotidien de tous les élèves du primaire, et demeurent d'usage courant pour une bonne partie d'entre eux. Les instructions ministérielles ont, certes, intégré dans la semaine de trente heures une heure d'étude par jour pour que l'élève fasse ses devoirs à l'école, mais les instituteurs continuent de donner des devoirs à faire à la maison. Les parents, eux aussi, sont demandeurs : l'école est survalorisée, les connaissances scolaires sont considérées comme le premier - sinon l'unique - moyen de promotion sociale. Les nombreux exemples contraires, de premiers de la classe au parcours professionnel décevant et de cancres milliardaires, ont beau être connus de tous, rien n'y fait. Il ne faut, toutefois, pas minimiser le rôle de l'instruction : le monde moderne, dans sa complexité, est dur aux ignorants.

Les parents ont le souci de la réussite scolaire de leurs enfants ; ils surveillent que les devoirs soient faits à la maison, comme le montre cette scène des années 1950.

Autre interdiction restée lettre morte : les pensums ; cette forme de coercition ne figure pas dans la liste des punitions autorisées. Cependant, qui n'a jamais eu de lignes à copier ? Qui a échappé au sort des mômes de *La Guerre des boutons*, copiant interminablement, dans un manuel d'histoire de France, un portrait de Mirabeau qui leur inspirait une franche antipathie : « Mirabeau en naissant avait le pied tordu... ». Qui n'a pas copié vingt fois une table de multiplication ? Dans ce domaine aussi, les parents sont d'accord avec les enseignants : c'est normal, il n'y a pas moyen de faire autrement, c'est pour le bien des écoliers. Ne pas avoir fait ses devoirs n'a pas toujours été le fait de la paresse ou de l'étourderie. Jusqu'à la veille de la Seconde Guerre mondiale, les enfants de paysans aident leurs parents à la ferme, s'occupent des plus jeunes ou, pour les filles, préparent le repas.

Le regard des parents

La plupart des parents s'intéressent de près à la scolarité de leurs enfants, ils sanctionnent les échecs, apprécient les succès, par des félicitations ou des récompenses, sous forme, parfois, d'un cadeau ou d'un supplément d'argent de poche.

Les carnets de note, assortis ou non de mots du maître, les classements sont là pour permettre au père et à la mère de famille d'exercer son contrôle, de juger des progrès de leur progéniture. La remise du carnet peut être une simple formalité, ou un sujet de drame domestique. Des générations d'écoliers ont déployé des ruses de Sioux pour éviter le fatidique : « Montre-moi ton carnet », lorsque le carnet en question témoignait d'une coupable négligence, d'une étourderie condamnable ou d'une réelle difficulté intellectuelle ou comportementale. On ne peut pas toujours arguer que le carnet est resté à l'école, que l'instituteur a oublié de le donner, que, par un extraordinaire concours de circonstance, justement, cette semaine-là, il n'y en avait pas. Comme il doit être rendu revêtu de la signature parentale, la contrefaçon de cette signature a révélé des cohortes de faussaires de grand talent. Comme la vie est injuste, ce talent n'était pas, en général, apprécié à sa juste valeur et, confondus, ces faussaires en écriture étaient punis.

Les outils principaux d'appréciation du travail des écoliers, et ceux qui sont les plus aisés à comprendre pour les parents, ce sont les notes et le classement. Ils sont contestés par de nombreux pédagogues, qui les jugent artificiels, arbitraires, mal adaptés à la psychologie enfantine. Les notes de zéro à dix, plus rarement de zéro à vingt en primaire, et les moyennes seraient des moyens de contrôle mécaniques qui ne tiennent pas compte de la personnalité des enfants, de leurs difficultés et de leurs efforts. Le malheureux qui écope d'un zéro, avec sa variante déshonorante, le zéro pointé, se sentirait durablement stigmatisé. Les classements ne refléteraient nullement le degré d'implication des enfants dans le cursus scolaire, ils ne serviraient que d'instruments d'émulation pour les bons élèves, d'exclusion pour les moyens ou les mauvais. En outre, ces classements rendent compte des degrés de compétence d'un groupe déterminé d'une école donnée dans un quartier ou un village donné à un moment donné ; ils ne disent rien des acquis objectifs des élèves, si tant est qu'on puisse vraiment évaluer ces acquis. Tel élève moyen de telle école peut être propulsé à la première place dans un établissement de moins bon niveau, ou se retrouver bon dernier dans une école d'élites.

Malgré ces objections, les notes ont toujours cours ; et les classements, supprimés explicitement par une circulaire du 6 janvier 1969, ont encore de beaux jours devant eux. Et les parents continuent d'éplucher les carnets de notes avant de les signer.

C'est la sortie !
Ces écoliers des années 1930 bavardent en riant avant de se disperser pour regagner leur domicile.

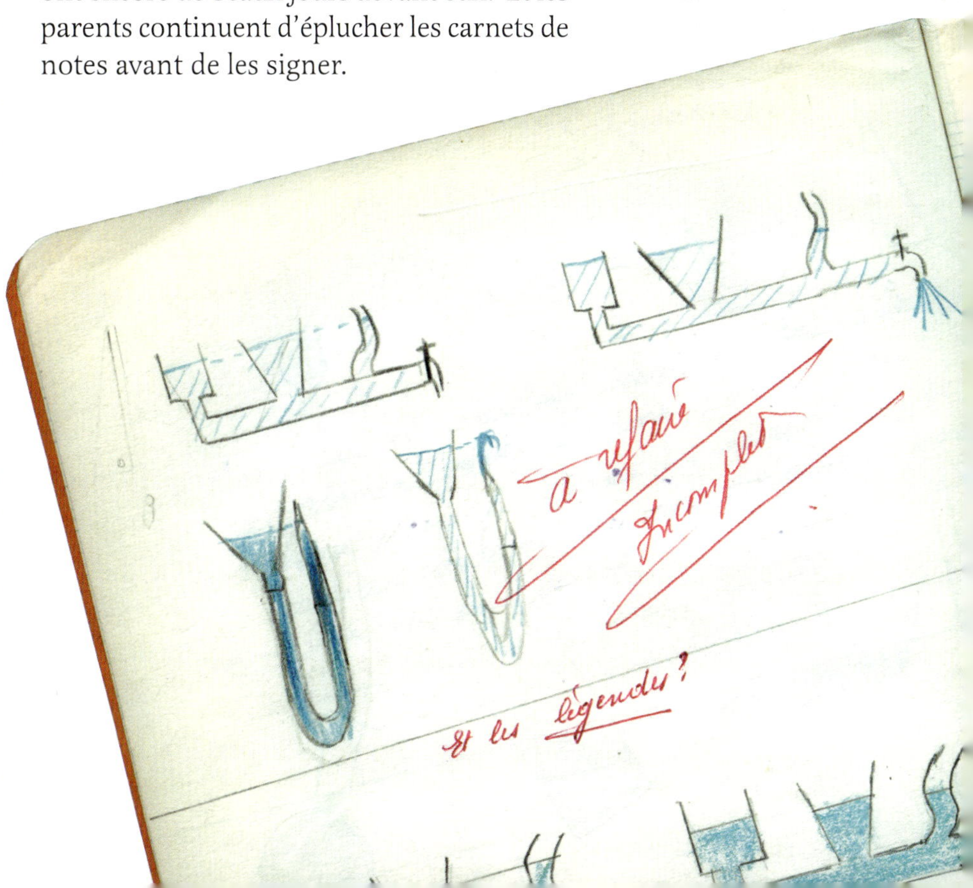

Outre l'étiquette portant les nom et prénom du lauréat, le prix est entouré d'un large ruban rouge noué.

Vive les vacances !

Moment solennel réunissant les enfants, les enseignants, les parents et des personnalités institutionnelles, la remise des prix clôt l'année scolaire par une grande fête longuement préparée à l'école.

Oubliées les récitations et les dictées, abandonnés les problèmes de robinet, délaissées les fantaisies des participes passés, effacée la marelle du préau, il fait beau, le mois de juillet étincelle: les vacances sont bientôt là.

Pour les écoliers s'achève une année riche en découvertes et en apprentissages, mais fatigante. Les semaines de congé ne sont pas un luxe, mais une nécessité, à la fois pour leur santé physique et pour leur équilibre psychologique.

Il ne s'agit pas toujours d'un moment de vraie détente. Jusqu'à la fin des années 1950, à la campagne, les enfants participent aux travaux des champs. En ville, bien des familles ne peuvent partir en vacances. Pour éviter que les jeunes soient livrés à eux-mêmes, des colonies de vacances les prennent en charge. Beaucoup de communes urbaines organisent des centres aérés où les enfants peuvent passer la journée.

Fêtes et prix

Avant la longue coupure estivale, s'organisent les fêtes scolaires et les distributions de prix. La préparation des festivités mobilise écoliers et enseignants pendant plusieurs semaines, autour d'un projet longuement mûri. Il est destiné à montrer aux familles l'aboutissement du travail accompli en classe, et à valoriser les enfants à leurs propres yeux, en leur permettant de s'exprimer en dehors des contraintes du programme. Pour l'occasion, on apprend des poésies et des chansons, on répète des pièces de théâtre, on met en scène de petits ballets. Chanteurs, acteurs et danseurs en herbe essaient des costumes confectionnés par leurs mères avec les moyens du bord, transformant le torchon en tunique et le vieux rideau à

De généreux donateurs ajoutent parfois aux livres de prix une somme d'argent placée sur un livret de Caisse d'épargne.

Pour conserver un souvenir, la classe est immortalisée par un photographe : les élèves disposés en rangées, des plus petits aux plus grands posent avec leur maître.

fleurs en robe de princesse. Les couronnes en carton doré de la galette des rois sont recyclées en de rutilants insignes royaux.

Dûment applaudis, les enfants sont prêts pour une autre manifestation, la kermesse de l'école. Des stands d'objets divers et parfois étranges vendus au profit de la caisse des écoles ou d'une autre association, des jeux d'adresse (la pêche à la ligne avec bâton et longue ficelle armée d'une épingle à mode d'hameçon est fort prisée) qui permettent de gagner un petit jouet, une bague de pacotille ou un bonbon, des courses en sac et d'autres exploits comico-sportifs ravissent le jeune public. Parfois, la fête se clôt sur une tombola dont les lots ont été apportés par les élèves et les parents ou sont dus à la générosité des habitants du quartier.

Puis vient la distribution des prix. En cette solennelle occasion, un notable - maire, conseiller général, député - siège sur une estrade en compagnie des conseillers municipaux et des enseignants. Devant eux, une table surchargée de livres qui seront distribués aux meilleurs élèves, par ordre de mérite. La fête est éprouvante pour les mauvais élèves qui, à la place du prix, reçoivent quelque remontrance. Ces « livres de prix » sont achetés par la commune, ou par la caisse des écoles, ou bien offerts par de généreux donateurs. Leur liste a été soumise à l'inspecteur primaire qui l'a acceptée en l'état ou modifiée. Les ouvrages les plus onéreux récompensent les meilleurs élèves. Ce sont de robustes volumes cartonnés, à la couverture de toile rouge, bleue ou verte ornée de titres dorés et, parfois, de vignettes. Une tranche dorée parfait l'élégance de l'ensemble. D'autres, plus petits ou d'aspect plus simple, sanctionnent des performances moins spectaculaires. Du prix d'excellence à l'accessit, les volumes portent, collée sur la page de titre, une étiquette sur laquelle on lit, soigneusement calligraphiés, le nom du lauréat et l'énoncé de son prix : « École de X. Prix d'excellence décerné à l'élève X. ». Attrayants, souvent illustrés, ces livres doi-

Les costumes confectionnés par les mamans témoignent de leurs talents de couturières.

vent aussi être instructifs ; les récits de voyages, les fresques historiques, les contes et les dictionnaires se taillent la part du lion.

Succès et échecs

Parmi les lauréats, beaucoup ont passé avec succès la redoutable épreuve du certificat d'études primaires. Certains arrêtent là leurs études et entrent dans la vie active, généralement par l'intermédiaire de l'apprentissage ; cette rupture intervenait autrefois à quatorze ans, mais, depuis 1959, la scolarité est obligatoire jusqu'à seize ans. D'autres écoliers poursuivent jusqu'au brevet. D'autres encore passent l'examen d'entrée en sixième (supprimé en 1957) et entament des études secondaires. D'autres enfin présentent le concours d'entrée aux écoles normales d'instituteurs pour devenir enseignants.

Certains, laissés par l'école sur le bord de la route, sortent du système scolaire sans formation suffisante, lorsqu'ils ne sont pas amenés à redoubler. Cette pratique du redoublement est une spécificité française, qui soulève la polémique : efficace ou non ? Nécessaire pour une remise à niveau ou démobilisante pour un enfant qui s'ennuie en ressassant ce qu'il est censé avoir déjà appris ? La question n'est pas tranchée.

Quoi qu'il en soit, primé ou non, admis à passer dans la classe supérieure ou redoublant, l'écolier est libre. La classe a été nettoyée, les livres rendus, les cahiers, devenus inutiles, rangés dans le cartable. On oublie les angoisses de la leçon pas sue, de la dictée farcie de fautes d'orthographe. On oublie aussi les lancers de boulettes de papier mâché (avec une sarbacane, c'est encore mieux, on peut en fabriquer une en roulant bien serré une feuille de papier), les vols d'avions en papier, la poussière de craie répandue en douce sur la chaise du maître.

Une fois la porte de l'école fermée, la créativité se donne libre cours, dans la rue ou sur la place du village. Les murs s'ornent de graffitis vengeurs. Sur le trottoir, des dessins à la craie de couleur croquent les enseignants avec une économie de moyens et une sûreté de trait dignes des meilleurs caricaturistes : deux traits, trois courbes, quatre ronds... et voilà M. Untel ou Mme Unetelle représentés de telle façon qu'il est impossible de ne pas le – ou la – reconnaître.

Des rondes se forment au rythme de :

> Vive les vacances !
> À bas les pénitences !
> Les cahiers au feu
> Les maîtresses au milieu.

Cette liberté toute neuve peut avoir des limites. Aux cancres des parents inquiets imposent parfois – sombre perspective – des cours de rattrapage. Et les devoirs de vacances, dont les cahiers proposés par les éditeurs se multiplient à partir des années 1950, sont là pour rappeler que l'été n'est qu'une parenthèse de farniente dans un quotidien studieux.

Dans les années 1960, de petits cartons glissés dans le prix prennent la place des étiquettes collées auparavant sur la page de garde.

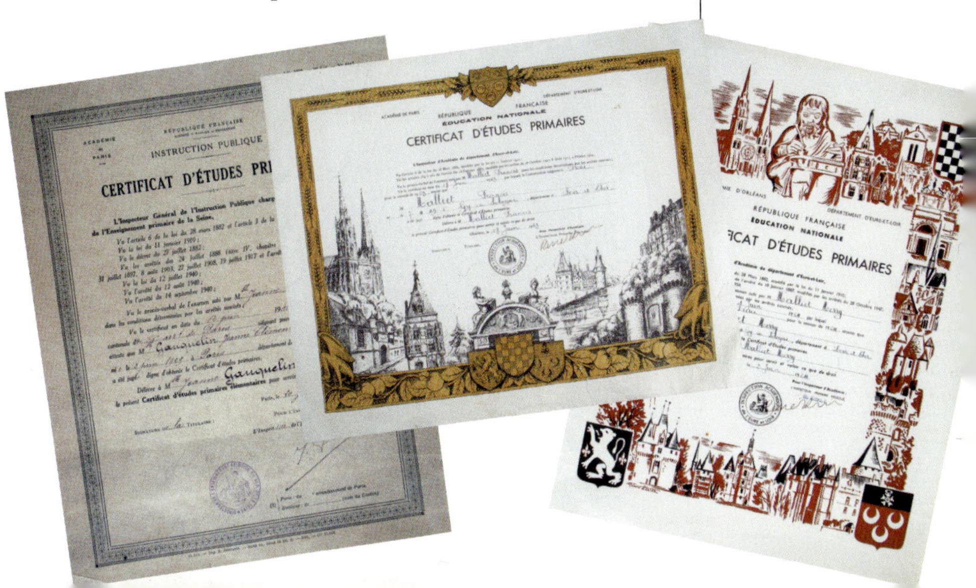

Le diplôme est le plus souvent un grand document orné de frises décoratives ou de représentations des monuments historiques de la ville.

Conception éditoriale et mise en page : Ccbr
Texte : Françoise Guérard

L'auteur exprime sa reconnaissance à
Isabelle de Laborde Lassale ; sans son amour des livres
et son expérience de bibliothécaire,
cet ouvrage n'aurait pas pu voir le jour.

Nos remerciements au Musée départemental de l'école publique
de Chevregny dans l'Aisne pour son accueil chaleureux.

Crédits photographiques

Akg images :
pp. 6, 20, 29b, 41c, 48b, 53b, 60, 67a.

Roger Viollet :
pp. 12, 13c, 14ab, 15c, 16a, 17a, 18a, 19b, 21b, 22a, 23ab, 24ac,
28, 30a, 31b, 32a, 35d, 36, 37b, 45b, 51c, 54, 56a, 57ac, 58c, 59b,
61b, 63ab, 64ab, 66b, 69b, 70ab, 71a, 75a.

Eyedea :
Couverture : Robert Doisneau/Rapho.
25a, 34a, 35a, 38a, 39b, 40a, 43a, 44bd, 46, 47b, 49b,
55b, 65a, 68, 72.

Ccbr :
pages de garde, pp. 5, 7, 8, 9abcd, 10abcd, 11abcdefg, 13ab, 15b, 16b,
17b, 19a, 21ac, 22b, 24b, 25bc, 26ab, 27abc, 29ac, 30b, 31ac, 32bc,
33abc, 34bc, 35bc, 37ac, 38bc, 39ad, 40bc, 41ab, 42abcde, 43bc,
44ac, 45a, 47ac, 48ac, 49a, 50abc, 51ab, 52abc, 53a, 55c, 57b, 58a,
61a, 62ab, 63b, 65b, 66a, 67b, 69ac, 71b, 73abc, 74ab, 75bc, 76, 77.

Antoine et Dominique Pascal - Archives & collections :
pp. 15a, 39c, 43d, 45c, 55a, 56b, 58b, 59a.

D.R. : 18b.

Collectionneurs :

Gérard Davoux, Michel André, Pascal Laguiche
& Nadine Letaille.

À l'école - collection : Souvenirs d'en France

Dépôt légal : septembre 2008
N° ISBN : 978-2-917728-41-3

Achevé d'imprimer : novembre 2008
Imprimé par : Pollina L21757 - France

N. 23
ÉCOLE
de
CAHIER
de
APPARTENANT A

Corps humain
Rennes
Paris
Nancy
tête
cartilage
os
spongieux
périoste
moelle
compact
1+1 = 2
toto et mimi
Lundi 25 Mars
Ecriture
singulier
bien
opérations :
conjugaison
les verbes à l'infinitif :
repasser
broder
Mois de mars
Compositions départementales
Orthographe
Dictée
Chemin de Provence.